VERGLEICHSARBEITEN REALSCHULE

Übungsaufgaben mit Lösungen

Deutsch 7. Klasse

Baden-Württemberg

STARK

Bildnachweis
Umschlag: © Ullstein Bild/phalanx Fotoagentur
S. 6: © Emanuel Zweigel – Fotolia
S. 7: © Frank – Fotolia
S. 10: © Martina Berg – Fotolia
S. 12: © JanPietruszeka – Photocase
S. 29: © Adam Radosavljevic – Fotolia
S. 31: © DeVIce – Fotolia/Birgit Reitz-Hofmann – Fotolia
S. 35: © Emanuel Zweigel – Fotolia
S. 44: © Eric Isselée – Fotolia
S. 47: © Thomas Perkins – Dreamstime
S. 66: © hallona – Fotolia
S. 67: © sonne Fleckl – Fotolia
S. 74: © Erhard Gaube – Fotolia
S. 77: © Mercedes-Benz Archive & Sammlung
S. 85: Mit freundlicher Genehmigung des Carl Hanser Verlags: Umschlagbild zu Michael Gerard Bauer, „Nennt mich nicht Ismael". Aus dem Englischen von Ute Mihr. © 2008 Carl Hanser Verlag München
S.95: © Bernd Kröger – Fotolia
S. 97: © Pascal Perinelle – Fotolia
S. 99: © Kristian Peetz – Fotolia
S. 111: © Eriklam – Dreamstime
S. 113: © Eastwest Imaging – Dreamstime

ISBN 978-3-86668-110-1

© 2009 by Stark Verlagsgesellschaft mbH & Co. KG
www.stark-verlag.de

Das Werk und alle seine Bestandteile sind urheberrechtlich geschützt. Jede vollständige oder teilweise Vervielfältigung, Verbreitung und Veröffentlichung bedarf der ausdrücklichen Genehmigung des Verlages.

Inhalt

Vorwort

Die Vergleichsarbeiten Deutsch 7. Klasse – Hinweise und Tipps

Vier häufig gestellte Fragen zu den Vergleichsarbeiten 1
Wozu dient diese Prüfung? – Wie sieht die Prüfung aus? –
Wie läuft die Prüfung ab? – Wie bereitest du dich vor?

Acht wichtige Tipps zur Vorgehensweise 3
Text lesen – Aufgaben verstehen – Aufgaben lösen –
konzentrieren – Zeit kontrollieren – ordentlich arbeiten –
Utensilien – am Schluss

Basiswissen mit Übungsaufgaben

Kompetenzbereich: Lesen/Umgang mit Texten und Medien 5

Umgang mit literarischen Texten 5
1 Lyrische Texte verstehen und ihre Merkmale kennen 5
2 Sagen verstehen und ihre Merkmale kennen 7
3 Märchen verstehen und ihre Merkmale kennen 9
4 Fabeln verstehen und ihre Merkmale kennen 11

Umgang mit Sachtexten 13
1 Sachtexte verstehen und erschließen 13
2 Informationen aus Sachtexten entnehmen und reflektieren 15
3 Informationen aus Grafiken und Tabellen entnehmen und
  wiedergeben 16

Kompetenzbereich: Schreiben 19

1 Cluster und Mindmaps erstellen 19
2 Briefe schreiben 21
3 Mit Texten produktiv umgehen/Textmuster zur kreativen
  Gestaltung eigener Texte nutzen 24
4 Einfache Vorgänge beschreiben 27
5 Texte überarbeiten 30

Kompetenzbereich: Sprachbewusstsein entwickeln 32

1 Grundwortarten unterscheiden 32
2 Tempora bilden 34
3 Satzglieder unterscheiden 35
4 Satzarten anwenden 37
5 Sätze mit Konjunktionen verknüpfen 39
6 Wortfamilien/Wortfelder bilden 40

Kompetenzbereich: Rechtschreibung und Zeichensetzung 41

1 Rechtschreibregeln zur Groß- und Kleinschreibung 41
2 Rechtschreibregeln zu s-Lauten 43

3	Rechtschreibregeln zur Dehnung	44
4	Rechtschreibstrategien anwenden	46
5	Nachschlagewerke nutzen	47
6	Zeichensetzung	48

Lösungsvorschläge **50**

Übungsarbeiten im Stil der Vergleichsarbeiten mit Lösungen

Übungsarbeit 1: Die Geburtstagsparty	63
Übungsarbeit 2: Der Wagen rollt auch ohne Pferde	73
Übungsarbeit 3: Nennt mich nicht Ismael!	85
Übungsarbeit 4: Die Sage von der Loreley	95
Übungsarbeit 5: Winn-Dixie	109

Autorinnen: Anja Engel, Sandra Wagner

Vorwort

Liebe Schülerin, lieber Schüler,

du möchtest dich im Fach Deutsch verbessern, dein **Basiswissen** bis einschließlich der 6. Klasse wiederholen, Wissenslücken schließen und bei den **Vergleichsarbeiten Deutsch in der 7. Klasse** ein gutes Ergebnis erzielen? Dieses Buch hilft dir dabei, dieses Ziel zu erreichen. Du kannst dich damit aber auch auf **Klassenarbeiten im Fach Deutsch** vorbereiten, denn diese ähneln mittlerweile in ihrer Form häufig den Vergleichsarbeiten.

Lies zunächst die **Hinweise und Tipps** am Anfang des Buches durch, damit du weißt, was du bei den Vergleichsarbeiten beachten musst. Auch bei deinen Klassenarbeiten im Fach Deutsch hilft dir dieses Wissen.

Im ersten Teil des Buches kannst du das **Basiswissen** zu den einzelnen **Kompetenzbereichen**, die in den Vergleichsarbeiten geprüft werden, gezielt trainieren. Zu jedem Kompetenzbereich erhältst du wichtige **Merkregeln** und Hinweise, die du für das Bearbeiten der Vergleichsarbeiten benötigst. Danach werden dir einzelne **Aufgaben** gestellt, mit denen du dein Wissen in jedem Kompetenzbereich auffrischen, wiederholen und festigen kannst.

Der zweite Teil besteht aus **fünf Übungsarbeiten** im Stil der Vergleichsarbeiten. Wenn du diese Übungsarbeiten löst, hast du schon einen guten Anhaltspunkt dafür, was in der Prüfung auf dich zukommt und wo du vielleicht noch etwas üben musst.
Im Anschluss an jede Übungsarbeit findest du **Lösungsvorschläge** mit vielen nützlichen **Hinweisen**. Sie helfen dir, deine Antworten zu überprüfen, gegebenenfalls zu ergänzen oder zu korrigieren.

Wichtig ist, dass du zuerst versuchst, alle Aufgaben **selbstständig** zu lösen. Sieh erst danach in der Lösung nach, um deine Antworten zu kontrollieren, zu verbessern oder zu ergänzen.

Bei deiner Vorbereitung wünschen wir dir viel Spaß und natürlich viel Erfolg bei den Vergleichsarbeiten Deutsch!

Anja Engel   Sandra Wagner

Die Vergleichsarbeiten Deutsch 7. Klasse – Hinweise und Tipps

Vier häufig gestellte Fragen zu den Vergleichsarbeiten

Wozu dient diese Prüfung?

1 In den Vergleichsarbeiten Deutsch wird geprüft, wie viel du in diesem Fach bisher gelernt hast. Die Vergleichsarbeiten bauen auf dem **Basiswissen** der Klassen 1 bis 6 auf. Dadurch können Schüler und Lehrer testen, wo Stärken und Schwächen liegen, was noch besonders **wiederholt** und **geübt** werden muss. Zudem kann man die Ergebnisse landesweit vergleichen.

Wie sieht die Prüfung aus?

2 Die Vergleichsarbeiten bestehen aus einem **Text** (oft auch aus mehreren Texten) und einem mehrseitigen **Fragenteil**, mit dem folgende **Kompetenzbereiche** überprüft werden:

- Im Kompetenzbereich **Lesen/Umgang mit Texten und Medien** wird vor allem geprüft, ob du den Text inhaltlich erfasst hast. Zusätzlich erhältst du häufig auch Grafiken und Tabellen, zu denen dir ebenfalls inhaltliche Fragen gestellt werden.
- Beim Kompetenzbereich **Schreiben** geht es darum, dass du einen eigenen Text verfasst. Hier kann beispielsweise von dir verlangt werden, dass du einen Brief oder eine Geschichte schreibst.
- Im Kompetenzbereich **Sprachbewusstsein entwickeln** wird vor allem dein Grammatikwissen und deine Ausdrucksfähigkeit überprüft.
- Zum Kompetenzbereich **Rechtschreibung und Zeichensetzung** werden in den Vergleichsarbeiten zwar keine eigenen Aufgaben gestellt. Doch sollst du bei allen Aufgaben zeigen, dass du diesen Bereich sicher beherrschst.

Abgesehen vom Bereich Schreiben sind die meisten Fragen so gestellt, dass du sie **nur mit einem Satz** oder einem **Stichwort** beantworten kannst. Oft geht es auch nur darum, dass du unter verschiedenen vorgegebenen Antworten die richtige **ankreuzen**, sie richtig **verknüpfen** oder falsche Aussagen **verbessern** sollst.

Die Vergleichsarbeiten Deutsch 7. Klasse – Hinweise und Tipps

Wie läuft die Prüfung ab?

3 Die Vergleichsarbeiten Deutsch 7. Klasse laufen stets in der gleichen Weise ab:

- Die Prüfung findet **zu Beginn des Schuljahres** statt und wird von deiner Lehrkraft einige Tage vorher **angekündigt**.
- Die Aufgaben werden **zentral gestellt**, alle Schüler in Baden-Württemberg bearbeiten die gleichen Aufgaben. Abgefragt wird dein Grundwissen im Fach Deutsch, die Aufgaben orientieren sich vor allem am Bildungsplan der 5. und 6. Klasse in der Realschule.
- Die Prüfung dauert genau **60 Minuten**.
- Zu Beginn der Arbeitszeit werden die **Texte und Aufgabenblätter** ausgeteilt. Zur Beantwortung der Aufgaben im Kompetenzbereich Schreiben bekommst du **gesonderte Blätter**, die du alle mit deinem Namen und der jeweiligen Aufgabennummer beschriften musst.

Wie bereitest du dich vor?

4 Mit diesem Buch kannst du dich umfassend und nach deinen eigenen Bedürfnissen auf die Vergleichsarbeiten vorbereiten:

- Du kannst entweder zuerst einige **Aufgaben zu den verschiedenen Kompetenzbereichen** im ersten Teil des Buches bearbeiten, dich kontrollieren und so herausfinden, wo du noch Übungsbedarf hast. Damit du dich in diesen Bereichen verbesserst, kannst du dir dann die jeweiligen Aufgabenformate aus den fünf Übungsarbeiten im zweiten Teil auswählen und weiter trainieren.
- Oder du arbeitest **alle Aufgaben** aus dem ersten und zweiten Teil **schrittweise** durch. So wiederholst und trainierst du alle Aufgabenformate nacheinander.
- Eine gute Möglichkeit, dich ganz gezielt auf die **Prüfungssituation** vorzubereiten, besteht darin, dass du dir mindestens **eine der fünf Übungsarbeiten** heraussuchst und versuchst, sie in der vorgegebenen Zeit von 60 Minuten vollständig zu bearbeiten. Anschließend kannst du anhand der Lösungen kontrollieren, ob du bestimmte Aufgabenformate noch mehr üben solltest und wie du mit der Zeitvorgabe zurechtkommst.

Acht wichtige Tipps zur Vorgehensweise

Für das Lesen des Textes und die Bearbeitung der Aufgaben hast du insgesamt 60 Minuten Zeit – das bedeutet, du musst zügig vorwärts kommen, um alle Aufgaben vollständig beantworten zu können und am Ende noch Zeit für eine Kontrolle zu haben. Daher musst du dir bereits vorher überlegen: Wie schafft man es, die Aufgaben zeitsparend anzugehen?

Wichtig ist, dass du gut vorbereitet in die Prüfung gehst. Das bedeutet nicht nur, dass du alles, was du brauchst, dabei hast, sondern auch mit den Besonderheiten der Prüfung vertraut bist.

Text lesen

1 Du musst den Text beim ersten Mal **aufmerksam** und **aktiv lesen**. Stelle beim Lesen sicher, dass du den Text an allen Stellen richtig verstanden hast. Überlege bei jedem Abschnitt, worum es geht. Günstig ist es, wenn du während des Lesens zentrale **Textstellen markierst** und dir **Randnotizen** zu jedem Abschnitt machst. Dann musst du den Text nicht zu oft durchgehen und kannst Fragen dazu schneller beantworten!

Beachte: Zu Beginn deiner Arbeit ist die Konzentration am größten. Deshalb solltest du auf jeden Fall **mit dem Text beginnen**, auch wenn spätere Aufgaben, die mit dem Text nicht mehr direkt zusammenhängen, vielleicht einfacher wären.

Aufgaben verstehen

2 Lies die Aufgabenstellung aufmerksam durch, damit du ganz genau weißt, **was von dir erwartet wird**. Zuerst musst du die Aufgabe verstehen, nur dann kannst du sie richtig beantworten. Dazu gehört auch, dass du beigefügte Tabellen und Grafiken exakt betrachtest und überlegst, was im Einzelnen dargestellt ist.

Beachte: Wichtig ist, dass du dich gründlich darauf vorbereitest, **was in den einzelnen Aufgabenformaten verlangt wird**. Wer erst einmal grübeln muss, was denn „zusammenfassen in eigenen Worten" eigentlich heißen könnte oder wer sich minutenlang an den Unterschied zwischen Wortarten und Satzgliedern zu erinnern versucht, der verliert damit zu viel kostbare Zeit. Aber genau das wirst du durch die Arbeit mit diesem Buch ja vermeiden!

Aufgaben lösen

3 Beantworte jede Aufgabe möglichst **vollständig**, sonst vergisst du am Schluss vielleicht eine Teilaufgabe.

Beachte: Wenn du aber einmal eine Aufgabe nicht verstehst oder lösen kannst, dann **überspringe** sie. Ansonsten verlierst du zu viel Zeit und wirst nervös, wenn plötzlich die Zeit für die „leichteren" Aufgaben fehlt. Nach der Beantwortung der einfachen Aufgaben kannst du immer noch an den schwierigen knobeln.

Die Vergleichsarbeiten Deutsch 7. Klasse – Hinweise und Tipps

konzentrieren

4 Arbeite immer **ruhig**, aber trotzdem **zielstrebig**! Wenn du nervös werden solltest, wenn dir scheinbar nichts einfällt, dann hilft vielleicht eine Konzentrationsübung. Setze dich bewusst aufrecht hin, schließe die Augen und denke: „Ich bleibe ganz ruhig!" oder „Ich kann es!"

Zeit kontrollieren

5 Schau immer wieder auf die Uhr! Nach **25 Minuten** solltest du die **Hälfte** der Aufgaben gelöst haben.

ordentlich arbeiten

6 Schreibe **leserlich** – vor allem nicht zu klein – und verbessere ordentlich und eindeutig, damit sich deine Lehrerin oder dein Lehrer immer gut auskennt. Was falsch ist, streichst du am besten sauber mit dem Lineal durch. Denke auch daran, alle gesonderten Arbeitsblätter mit deinem Namen und der zugehörigen Aufgabennummer zu beschriften.

Utensilien

7 Achte darauf, dass du deine **Arbeitsutensilien** dabei hast: einen Füller, Tintenpatronen, als Ersatz einen blauen Faserstift, einen Leuchtstift, einen Bleistift, einen Radiergummi, ein Lineal zum Durchstreichen und eine Uhr, damit du dir die Zeit einteilen kannst.

am Schluss

8 Abschließend solltest du alle Antworten der Vergleichsarbeiten noch einmal **kontrollieren** und auf ihre Vollständigkeit überprüfen. Denn nichts ist ärgerlicher, als wenn du einfach eine Aufgabe zu beantworten vergessen hast!

▶ **Basiswissen
mit Übungsaufgaben**

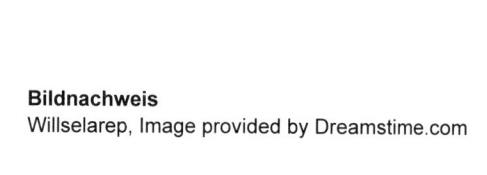

Bildnachweis
Willselarep, Image provided by Dreamstime.com

Kompetenzbereich:
Lesen/Umgang mit Texten und Medien

Umgang mit literarischen Texten

1 Lyrische Texte verstehen und ihre Merkmale kennen

Die Lyrik ist eine der drei großen **Literaturgattungen**. Mit diesem Begriff bezeichnet man poetische Texte, also **Dichtung**. Ursprünglich waren poetische Texte als Liedtexte gedacht.
Es gibt verschiedene Erscheinungsformen wie z. B. Bildgedichte (konkrete Poesie), reimlose Gedichte, Erzählgedichte (Balladen), …

Merke dir!

- **Gedichte** bestehen meist aus mehreren **Strophen**.
- Die einzelnen Zeilen eines Gedichts nennt man **Verse**.
- Gibt es am Ende von zwei aufeinanderfolgenden Verszeilen einen **Gleichklang**, so nennt man das **Reim**.
  Man unterscheidet folgende **Reimschemata**:
  - **Paarreim**: a a b b
  - **Kreuzreim**: a b a b
  - **Umarmender Reim**: a b b a
- Endet ein Satz nicht am Ende der Verszeile, sondern erst im nächsten Vers, so nennt man dies einen **Zeilensprung** (Enjambement).
- Besondere Gestaltungsmittel in Gedichten sind **sprachliche Bilder**:
  - **Vergleich**: *Sie singt wie ein Engel.*
  - **Symbol**: *Taube* als Symbol für Frieden
  - **Metapher**: Wörter oder Wortverbindungen werden nicht in ihrem eigentlichen, sondern in einem übertragenen Sinn verwendet:
    Blechschlange für viele Autos oder viel Verkehr.
    Metaphern sind sozusagen verkürzte Vergleiche:
    Sie ist ein Engel. (anstelle von: *Sie ist wie ein Engel.*)
  - **Personifikation**: Menschliche Eigenschaften oder Tätigkeiten werden auf nicht menschliche Bereiche übertragen:
    Die Sonne lacht.

Joseph von Eichendorff (1788–1857)
Mondnacht

1 Es war, als hätt' der Himmel
Die Erde still geküsst,
Dass sie im Blütenschimmer
Von ihm nun träumen müsst.

5 Die Luft ging durch die Felder,
Die Ähren wogten sacht,
Es rauschten leis' die Wälder,
So sternklar war die Nacht.

Und meine Seele spannte
10 Weit ihre Flügel aus,
Flog durch die stillen Lande,
Als flöge sie nach Haus.

Quelle: Joseph von Eichendorff: Werke und Schriften. Neue Gesamtausgabe in vier Bänden. Hrsg. von Gerhard Baumann i. Verb. m. Siegfried Grosse. Bd. 1: Gedichte. Epen. Dramen. Stuttgart: Cotta 1957, S. 306

Aufgabe 1 Welches Reimschema liegt hier vor? Markiere die Reime mit Buchstaben.

Aufgabe 2 Wo werden menschliche Eigenschaften oder Verhaltensweisen auf die Natur übertragen? Schreibe die Personifikationen heraus.
Beispiel: Der Himmel küsst die Erde.

2 Sagen verstehen und ihre Merkmale kennen

Der Begriff Sage stammt vom althochdeutschen Wort saga („Gesagtes"). Wie Märchen sind Sagen **kurze, im Volk beliebte Geschichten**, die **mündlich** weitererzählt und **später gesammelt und aufgeschrieben** wurden.

Merke dir!
- Sagen handeln oft von **verwunderlichen, fantastischen Ereignissen**. Früher waren sie jedoch als Tatsachenbericht über wirkliche Orte, Personen, Ereignisse oder Naturerscheinungen gedacht.
- Sie haben einen **wahren Kern**.
- In einer Sage wird der wahre Kern **mit fantastischen Vorgängen und Figuren** (Riesen, Hexen, Zwerge, Geister, Teufel) **ausgeschmückt**.
- Sagen entstanden in Zeiten, in denen sich die Menschen vieles noch nicht auf natürliche Weise erklären konnten und an das Handeln von Naturgeistern, Dämonen oder des Teufels glaubten.
- Die Sagen halfen ihnen, sich **ungewöhnliche Erscheinungen zu erklären**.

Die Teufelswette

1 Als in Köln der alte Dom durch einen herrlicheren ersetzt werden sollte, wurde Meister Gerhard von Ryle, der in Frankreich die Baukunst der Kathedralen stu-
5 diert hatte, beauftragt, innerhalb eines Jahres einen Bauplan vorzulegen. Gutgelaunt ging er ans Werk, doch sooft er sich sicher war, nunmehr einen durchführbaren Plan gefunden zu haben, taten sich neue
10 Probleme auf. Schließlich verzweifelte er. Eines Tages, als er auf der anderen Rheinseite spazieren ging, schlief er über all seinen Sorgen an einem großen Felsbrocken ein, der unter den Bürgern nur der
15 „Teufelsstein" genannt wurde.
  Als Meister Gerhard erwachte, stand vor ihm ein Fremder, der gekleidet war wie die französischen Bauleute. Der Fremde begann, mit einem Stock die
20 Linien eines Baurisses in den Sand zu zeichnen, in dem Gerhard unschwer den vollendeten Bauplan zum Dom erkannte. Erstaunt fragte Gerhard den Fremden, was er ihm für diesen Plan bezahlen müsse. Die Antwort lautete: „Ich will dich und wenn du Frau und Kind noch hinzufügst, helfe ich dir, diesen Bau in drei Jahren zu errichten. Wenn ich aber den Bau
25 beim ersten Hahnenschrei am Ende der letzten Nacht nicht vollendet habe, seid ihr frei." Nicht einmal der Teufel kann ein so gewaltiges Bauwerk innerhalb dieser Frist errichten, dachte Meister Gerhard und ging den Pakt ein.

Kompetenzbereich: Lesen / Umgang mit Texten und Medien

Die Arbeit an der Dombaustelle schritt in nie da gewesener Weise voran. Bei Tag und Nacht erklang der Baulärm, doch der Dombaumeister wurde immer
30 wunderlicher. Schon bald munkelte man, es ginge auf der Baustelle nicht mit rechten Dingen zu. Dies hörte auch die Frau des Dombaumeisters. Auf ihre bange Frage, was an den Gerüchten wahr sei, berichtete Meister Gerhard ihr von dem unheilvollen Pakt. Verzweifelt suchte die Frau nach einem Ausweg.

Als sie eines Tages mit ihrem Sohn zum Markt ging, wies das Kind auf einen
35 prächtigen Hahn und versuchte, dessen Schrei nachzuahmen. Überglücklich schloss die kluge Frau das Kind in die Arme, denn der Ausweg aus der verzweifelten Lage war gefunden. Fortan übte sie zu Hause so lange den Hahnenschrei, bis ihr die Hähne aus der ganzen Nachbarschaft antworteten.

Die letzte Nacht des dritten Jahres war angebrochen, da betete die Frau des
40 Dombaumeisters zu Gott um Errettung und mit dem ersten Morgengrauen, als gerade die letzte Turmspitze zum Dom emporgezogen wurde, stieß sie ihren Hahnenschrei aus und von allen Seiten antworteten laut die Hähne der Nachbarschaft. Mit ungeheurem Getöse fiel der Dom in sich zusammen. Der Baumeister und seine Familie aber waren gerettet.
45 Der Dom jedoch wurde erst Jahrhunderte später vollendet.

Quelle: „Die Teufelswette". Eine alte Kölner Sage. Nacherzählt von Isabel Gronack-Walz. www.dom-fuer-kinder.de/index.php?id=26&nocache=1&sword_list[]=teufelswette &contUid=77&contUid=81#81, Stand: 15. 05. 2008 (leicht verändert)

Aufgabe 3 Zeige anhand der Domsage „Teufelswette" typische Elemente einer Sage auf.

a) Unterstreiche Personen, die namentlich erwähnt werden, rot.

b) Unterstreiche Orte, Naturerscheinungen und Bauwerke, die es wirklich gibt, blau.

c) Unterstreiche Elemente des Textes, die eindeutig fantastische oder übernatürliche Ausschmückungen sind, grün.

Aufgabe 4 Vergleiche die Sagen- mit den Märchenmerkmalen (siehe Merkkasten auf Seite 9). Erkläre, weshalb es sich beim Text „Die Teufelswette" nicht um ein Märchen, sondern um eine Sage handelt.

_____

_____

_____

_____

_____

Kompetenzbereich: Lesen / Umgang mit Texten und Medien

3 Märchen verstehen und ihre Merkmale kennen

Der Begriff Märchen (vom mittelhochdeutschen maere = Erzählung, Bericht, Geschichte) geht auf die Brüder Jacob und Wilhelm Grimm zurück. Später wurde er auch in andere Sprachen übernommen.

Märchen sind **mündlich überlieferte Erzählungen**, die ursprünglich **für Erwachsene** gesammelt worden sind (z. B. von den Brüdern Grimm, Wilhelm Hauff oder Hans Christian Andersen).

Merke dir!

- **Ort und Zeit** der Märchenhandlung sind **nicht festgelegt**.
  Märchen beginnen oft mit unbestimmten Angaben wie *„Es war einmal"*, *„Vor langer Zeit"* oder *„In einem Königreich"* und enden mit dem Satz *„Und wenn sie nicht gestorben sind, dann leben sie noch heute."*

- Märchen haben ein **glückliches Ende**
  (z. B. Hochzeit, Reichtum oder Übernahme einer Herrschaft).
  Die Guten werden belohnt/machen ihr Glück, die Bösen werden bestraft.

- In Märchen gibt es häufig **fantastische Ereignisse** und **wundersame Dinge mitten im Alltag**, z. B.:
  – Fabelwesen (Drachen, Hexen, Zwerge, Riesen und Teufel)
  – sprechende Tiere, Pflanzen, Dinge
  – wunderbare Hilfsmittel: Topf, Zauberlampe

- Oft **muss sich ein Mensch bewähren**, geht auf Wanderung, muss schwirige Aufgaben lösen oder sucht sein Glück.

- Häufig kommen **typische Figuren** wie schöne Prinzen und Prinzessinnen, alte oder todkranke Könige und böse Stiefeltern vor.

- **Magische Zahlen** (3, 7, 12) spielen oft eine Rolle:
  Es gibt 3 Aufgaben, 3 Wünsche, 7 Zwerge, …
  Beispiele: Die sieben Raben / Schneewittchen und die sieben Zwerge / Der Wolf und die sieben Geißlein / Der Teufel mit den drei goldenen Haaren

- Oft gibt es in Märchen **Gegensätze**:
  schön und arm ↔ hässlich und reich / arm und freigebig ↔ reich und geizig / dumm ↔ schlau / faul ↔ fleißig

Die Wassernixe – ein Märchen der Gebrüder Grimm

1 Ein Brüderchen und ein Schwesterchen spielten einmal an einem Brunnen, und wie sie so spielten, plumpsten sie beide hinein. Da war unten eine Wassernixe, die sprach: „Jetzt habe ich euch, jetzt sollt ihr mir brav arbeiten", und führte sie mit sich fort. Dem Mädchen gab sie verwirrten, garstigen Flachs zu spinnen, und
5 es musste Wasser in ein hohles Fass schleppen, der Junge aber sollte einen Baum mit einer stumpfen Axt hauen, und zu essen bekamen sie nur steinharte Klöße.
  Da wurden zuletzt die Kinder so ungeduldig, dass sie warteten, bis eines Sonntags die Nixe in der Kirche war und entflohen. Und als die Kirche vorbei war, sah die Nixe, dass die Vögel ausgeflogen waren, und setzte ihnen mit großen

Kompetenzbereich: Lesen / Umgang mit Texten und Medien

10 Sprüngen nach. Die Kinder erblickten sie aber von Weitem, und das Mädchen warf eine Bürste hinter sich, das gab einen großen Bürstenberg
15 mit tausend und tausend Stacheln, über den die Nixe mit großer Müh klettern musste; endlich aber kam sie doch hinüber. Wie das die Kinder
20 sahen, warf der Knabe einen Kamm hinter sich, das gab einen großen Kammberg mit tausendmal tausend Zinken, aber die Nixe wusste sich daran festzuhalten und kam zuletzt doch drüber.

Da warf das Mädchen einen Spiegel hinterwärts, welches einen Spiegelberg
25 gab, der war so glatt, so glatt, dass die Nixe unmöglich darüber konnte. Da dachte sie: „Ich will geschwind nach Haus gehen und meine Axt holen und den Spiegelberg entzwei hauen." Bis sie aber wiederkam und das Glas aufgehauen hatte, waren die Kinder längst weit entflohen, und die Wassernixe musste sich wieder in ihren Brunnen trollen.

Quelle: www.grimmstories.com, Stand: 20. 05. 2008 (leicht verändert)

Aufgabe 5   Nummeriere die im „Merke dir!" aufgelisteten Märchenmerkmale.
Welche dieser Merkmale treffen auf das Märchen „Die Wassernixe" zu?
Notiere am Rand der jeweiligen Textstelle die Nummer des Merkmals.

Aufgabe 6   Das vorliegende Märchen enthält einige Elemente, die auch in anderen Märchen zu finden sind. Was kommt dir bekannt vor?

Kompetenzbereich: Lesen/Umgang mit Texten und Medien

4 Fabeln verstehen und ihre Merkmale kennen

Fabeln sind **kurze Geschichten**, die ein **Beispiel für menschliches Handeln** geben sollen und eine **belehrende Absicht** haben. Sie entstanden meist in Zeiten, in denen man keine öffentliche Kritik an Herrschern üben konnte, ohne sich in Gefahr zu bringen.

Merke dir!
- In Fabeln besitzen **Tiere**, **Pflanzen** oder **Dinge** **menschliche Eigenschaften**, d. h. sie können sprechen und handeln.
- Wie bei Märchen sind diese Eigenschaften oft als **Gegensätze** angelegt, sodass es einen **Spieler** und einen **Gegenspieler** gibt.
- Das Übertragen von menschlichen Eigenschaften und Verhaltensweisen auf Tiere und Gegenstände nennt man **Personifikation**.
- Ziel der Fabeln ist es, **menschliche Schwächen bloßzustellen**, um beim Leser einen Denk- und Lernprozess auszulösen.
- Die **Belehrung am Ende** nennt man **Moral**.
- Fabeln folgen meist einem **typischen Aufbau**:
  – Ausgangssituation
  – Handlung und Gegenhandlung
  – Lösung
  – Moral

Die beiden Frösche

1 Zwei Frösche, deren Tümpel die heiße Sommersonne ausgetrocknet hatte, gingen auf die Wanderschaft. Gegen Abend kamen sie in die Kammer eines Bauernhofs und fanden dort eine große Schüssel Milch vor, die zum Abrahmen aufgestellt worden war. Sie hüpften sogleich hinein und ließen es sich schmecken.

5 Als sie ihren Durst gestillt hatten und wieder ins Freie wollten, konnten sie es nicht: Die glatte Wand der Schüssel war nicht zu bezwingen, und sie rutschten immer wieder in die Milch zurück.

Viele Stunden mühten sie sich nun vergeblich ab, und ihre Schenkel wurden allmählich immer matter. Da quakte der eine Frosch: „Alles Strampeln ist um-
10 sonst, das Schicksal ist gegen uns, ich geb's auf!" Er machte keine Bewegung mehr, glitt auf den Boden des Gefäßes und ertrank. Sein Gefährte aber kämpfte verzweifelt weiter bis tief in die Nacht hinein. Da fühlte er den ersten festen Butterbrocken unter seinen Füßen, stieß sich mit letzter Kraft ab und war im Freien.

Quelle: www.hekaya.de, Stand: 15.05.08

Kompetenzbereich: Lesen/Umgang mit Texten und Medien

Aufgabe 7 Welche gegensätzlichen menschlichen Eigenschaften werden in dieser Fabel dargestellt?

Aufgabe 8 Der Fabel fehlt die abschließende Moral. Schreibe diesen Schluss.

Umgang mit Sachtexten

1 Sachtexte verstehen und erschließen

Sachtexte begegnen dir im Alltag oft und in vielen verschiedenen Bereichen: Texte aus Schulbüchern (z. B. NWA oder EWG), Zeitschriften, Broschüren oder Lexika, aus dem Internet, Sachbüchern oder Nachschlagewerken.
Sachtexte sind im Gegensatz zu literarischen Texten vorwiegend **informierende** oder **appellierende Texte** (also Texte, die mahnen oder überzeugen sollen, wie z. B. Leserbriefe oder Werbetexte).
Um erfolgreich mit Sachtexten arbeiten zu können, musst du sie erst gründlich erschließen. Dabei kannst du folgendermaßen vorgehen:

Merke dir!

1. **Überfliege** den Text zunächst, um zu erfahren, worum es geht.
   Beachte auch die äußere Gestaltung, z. B. die Einteilung in Absätze, Überschriften, Bilder, Grafiken usw.

2. Unterstreiche beim ersten Lesen alle **Begriffe, die du nicht verstehst** und **kläre deren Bedeutung**. Viele Begriffe kannst du aus dem Textzusammenhang klären. Manchmal hilft es schon, wenn du den Text zu Ende liest. Besteht weiterer Klärungsbedarf, nutze, wenn möglich, ein Wörterbuch oder das Internet. Notiere die Erklärungen am besten am Rand des Textes.

3. **Arbeite den Inhalt des Textes heraus**, indem du folgende Fragen stellst:
   - Welches **Thema** wird im Text behandelt?
   - Welche **Unterthemen** liegen vor?
   - Welche **Hauptaussagen** werden gemacht?
   - Welche Inhalte werden durch **Grafiken/Tabellen** veranschaulicht/ergänzt?
   - Um welche **Textsorte** handelt es sich?
     (z. B. Lexikonartikel, Leserbrief, Werbeanzeige, …)
   - Was will der Autor oder die Autorin mit dem Text **erreichen**?

4. **Unterstreiche Schlüsselwörter/wichtige Textstellen.**
   Achte aber darauf, nicht mehr als 10 % des Textes zu unterstreichen, sonst verlierst du den Überblick. Wenn dir Fragen zum Text vorliegen, kannst du die Schlüsselbegriffe gleich **gezielt** unterstreichen.

5. **Gliedere** den Text **in Sinnabschnitte** und fasse diese in eigenen Worten zusammen bzw. gib ihnen jeweils eine gesonderte Überschrift.

Aufgabe 9 Bearbeite den folgenden Sachtext, wie im Merkkasten vorgegeben.

Wie werden Tiere für Film und Fernsehen trainiert?

1 Für bestimmte Filmszenen werden bei Fernsehen und Film Tiere benötigt. Sie werden (...) ganz gezielt auf ihre Rolle vorbereitet. Dafür sind spezielle Trainer zuständig, die sich in der Regel von klein auf mit den Tieren beschäftigen. (...)
 Bei jedem Filmtier ist auch der Trainer beim Dreh dabei. Dieser muss sich
5 nicht nur mit Tieren und ihren Eigenheiten, sondern eben auch mit Filmtechniken auskennen. Jeder Trainer entwickelt sehr persönliche Methoden, wie er die Tiere trainiert; diese hängen natürlich auch vom jeweiligen Tier und seinem Charakter ab.

Casting auch bei Tieren

10 Wie bei den menschlichen gibt es auch bei tierischen Darstellern Castings (...). Als ein neuer „Kommissar Rex" gesucht wurde, meldeten sich 300 Hundehalter, und 15 Hunde wurden schließlich einem Eignungstest unterzogen. Außer auf normale Befehle müssen die Tiere vor der Kamera vor allem auf Befehle reagieren, die der Tiertrainer aus der Entfernung und nur per Hand gibt – schließlich
15 kann er nicht ständig im Bild auftauchen und seine Befehle dürfen auch nicht mit auf die Tonspur.
 Schwirig (...) ist, dass sich [viele gut trainierte Hunde] nur von ihrem Herrchen befehlen lassen. Doch im Film müssen sie eben auch auf Zeichen ihrer Mitspieler reagieren. Ein Tier bekommt also nur eine Rolle, wenn es sich an seine
20 zweibeinigen Mitspieler gewöhnen kann. Nur wenn ein Tier Vertrauen hat, wird es „mitspielen".

Es geht nur ohne Druck

Alle Situationen müssen spielerisch und ohne Druck, aber sehr gezielt geübt werden. Der Hund oder die Katze muss genau wissen, was von ihm/ihr verlangt
25 wird. Wenn das Ganze aber nicht spielerisch abläuft, macht es dem Tier sicher keinen Spaß, eine Szene zum zehnten Mal zu wiederholen.
 Die Regeln und Normen für die Arbeit mit Tieren auf einem Set sind relativ streng und werden auch kontrolliert. So soll verhindert werden, dass Tiere auf dem Set misshandelt werden.

30 **Ein Beispiel für Tier-Stars: der Schimpanse Charly aus „Unser Charly"**
Die Rolle des Charly teilen sich drei Schimpansen, die abwechselnd eingesetzt werden: Charly, Baxter und Kirby. So muss ein Affe nicht alles können. Jeder der drei hat seine Spezialitäten an Szenen und einen eigenen Kopf. Kirby ist zum Beispiel die Beste, wenn es um Szenen mit anderen Tieren geht. Kirby klettert
35 auch meistens, während Charly auf dem Boden zu Hause ist. Mit auf dem Set sind auch die drei Trainer, die die Affen großgezogen haben. Sie haben ihnen beigebracht, was ein schauspielernder Affe so braucht.
 Erst lernen die Affen einfache Befehle wie Aufstehen oder Kopfnicken und Hinlegen. Dann werden einzelne Befehle kombiniert und so kommen ganze Ab-
40 läufe zustande. Nach jeder gelungenen Aktion gibt es ein Lob. Und so lernen die Affen immer mehr – z. B. von Anfang an, mit wechselnden Menschen und Umgebungen umzugehen. Die Drehortsituation ist so nichts Besonderes für die Tiere.

Quelle: www.wasistwas.de/sport-kultur/alle-artikel/link/10b9009902/article/wie-werden-tiere-fuer-film-und-tv-trainiert.html, Stand: 18. 05. 2008 (leicht verändert)

Kompetenzbereich: Lesen/Umgang mit Texten und Medien

2 Informationen aus Sachtexten entnehmen und reflektieren

Wenn du einem Sachtext Informationen entnehmen willst, musst du den Text erst einmal verstehen. Wie du den Text erschließen kannst, hast du im vorherigen Kapitel erfahren.

Die Aufgaben, die dir gestellt werden können, sind vielfältig. Dennoch gibt es ein paar Dinge, die du grundsätzlich beachten solltest:

Merke dir!
- Wichtig ist, dass du den **Text gut kennst und verstehst**, damit du mit den Informationen richtig arbeiten kannst und sie schnell findest.
- Lies die **Frage- oder Aufgabenstellung** genau durch. Unterstreiche Wörter, die dir sagen, wonach du im Text suchen sollst.
- Entnimm deine **Antworten** zunächst einmal dem Text und nicht deinem Allgemeinwissen. **Markiere die passenden Stellen im Text.**
- Möglicherweise genügen die Informationen aus dem Text nicht, um die Aufgabenstellung vollständig zu erfüllen. Dann musst du z. B. die **Informationen auf andere Bereiche übertragen** oder dein **Allgemeinwissen** heranziehen.
- Lies deine Lösung und die Aufgabenstellung noch einmal durch, wenn du fertig bist. **Vergleiche**, ob deine Antwort zur Fragestellung passt.

Aufgabe 10 Beantworte folgende Fragen zum Text „Wie werden Tiere für Film und Fernsehen trainiert?" (Seite 14).

a) Warum müssen Filmtiere auf Befehle reagieren, die per Hand gegeben werden?

b) Warum ist es wichtig, dass Filmtiere ihren menschlichen Schauspielkollegen vertrauen?

c) Warum werden für die Rolle des „Charly" drei verschiedene Schimpansen eingesetzt?

Kompetenzbereich: Lesen / Umgang mit Texten und Medien

Aufgabe 11 Kreuze an, ob folgende Aussagen zum Text „Wie werden Tiere für Film und Fernsehen trainiert?" richtig oder falsch sind. Gib die Textzeilen an, in denen die nötigen Informationen stehen. Verbessere falsche Aussagen.

                                     richtig   falsch

a) Beim Filmdreh wird auf Tierschutz keinen Wert gelegt.   ☐   ☐

_____

_____

                                    richtig   falsch

b) Beim Erlernen von Bewegungsabläufen üben die Tiere zunächst die einzelnen Teile.   ☐   ☐

_____

_____

3 Informationen aus Grafiken und Tabellen entnehmen und wiedergeben

Grafiken und Tabellen werden zu den Sachtexten gerechnet. Hier liegen dir Informationen jedoch nicht als zusammenhängender Text vor. Grafiken werden meist durch Legenden (erklärende Beschriftungen) unterstützt, die aufzeigen, wie du sie lesen sollst (so zeigt die Legende beim unten stehenden Balkendiagramm, welchem Schüler du welchen Balken zuordnen musst).
Oft findest du Grafiken oder Tabellen als Ergänzung zu Sachtexten; sie können aber auch alleine stehen. Bei vielen Aufgaben musst du Informationen aus Tabellen oder Grafiken vergleichen und deine Ergebnisse ausformulieren.

Es gibt verschiedene **Arten von Grafiken**:

Kreisdiagramme zeigen, welchen Anteil am Ganzen einzelne Gruppen oder Dinge haben.

Beispiel: Aufsatznoten der Klasse 6 b in %

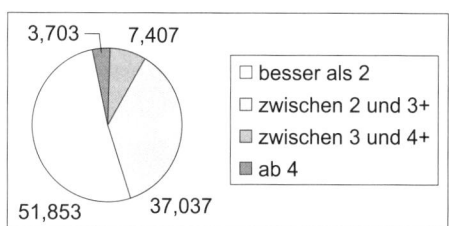

Kurvendiagramme verdeutlichen eine Entwicklung über einen bestimmten Zeitraum.

Beispiel: gemachte Hausaufgaben der Klasse 6 b in %

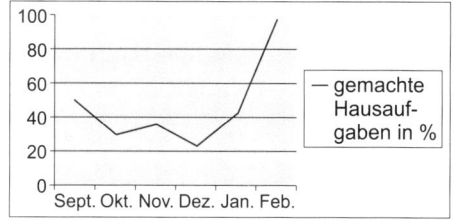

Kompetenzbereich: Lesen / Umgang mit Texten und Medien

Säulen- oder Balkendiagramme zeigen z. B. Leistungen verschiedener Menschen im Vergleich zueinander.

Beispiel: gemachte Hausaufgaben dreier Schüler der 6 b im Vergleich in %

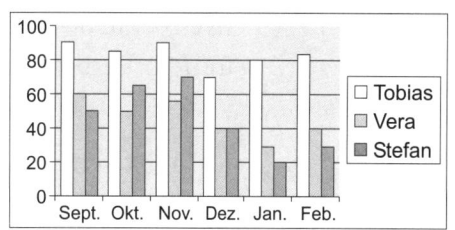

Tabellen ordnen Informationen in verschiedene Kategorien ein.

Beispiel: absolute Zahl nicht gemachter Hausaufgaben einzelner Schüler der 6 b

Schüler	September	Oktober	November
Franziska	0	1	0
Alexander	4	6	6
Melanie	0	2	1
Nadja	2	8	0
Sven	0	0	0

Merke dir!
- Überlege, welche **Aussagen** die Grafik oder Tabelle beinhaltet.
- Beachte die **Art** der Grafik oder die **Einteilung** der Tabelle, die grafisch dargestellten Informationen und die **Beschriftung**.
- Auch **Legenden** helfen dir beim Verständnis von Grafiken und Tabellen.
- Achte darauf, **wie die Angaben gemacht werden**. (z. B. in Prozent (%) oder in absoluten Zahlen)

Aufgabe 12 Kreuze an, ob folgende Aussagen zum Kreisdiagramm auf Seite 16 zutreffen. Verbessere falsche Aussagen auf den dafür vorgesehenen Linien.

  richtig falsch

a) Etwas mehr als die Hälfte der Schüler hat eine bessere Note als 2 geschrieben. ☐ ☐

_____

_____

  richtig falsch

b) Viele Schüler haben die Note 4 oder eine schlechtere Note. ☐ ☐

_____

_____

Kompetenzbereich: Lesen / Umgang mit Texten und Medien

Aufgabe 13 Kreuze an, ob folgende Aussagen über das Kurvendiagramm auf Seite 16 zutreffen. Verbessere falsche Aussagen auf den dafür vorgesehenen Linien.

	richtig	falsch
a) Im November wurden in der 6 b weniger Hausaufgaben gemacht als im Dezember.	☐	☐

_____

_____

	richtig	falsch
b) Von Dezember bis Februar wurden immer mehr Hausaufgaben gemacht.	☐	☐

_____

_____

Aufgabe 14 Sieh dir das Balkendiagramm auf Seite 17 an. Vergleiche folgende Schüler in den angegebenen Monaten miteinander. Schreibe je einen ganzen Satz.

a) Tobias und Stefan im September:

_____

_____

b) Vera und Stefan im Dezember:

_____

_____

Aufgabe 15 Sieh die Tabelle auf Seite 17 an. Wer hat in welchem Monat am häufigsten die Hausaufgaben nicht gemacht? Schreibe pro Monat einen vollständigen Satz.

_____

_____

_____

_____

_____

_____

Kompetenzbereich: Schreiben

1 Cluster und Mindmaps erstellen

Ein **Cluster** ist ein sogenanntes „Ideennetz", mit dessen Hilfe du Ideen sammeln, verknüpfen und erweitern kannst.

Merke dir!
- Du schreibst einen Begriff oder das **Thema** auf die Mitte eines Blattes und zeichnest einen Kreis darum.
- Als Nächstes fügst du **spontan** alle **Gedanken** oder **Ideen** ein, die dir zum Thema einfallen. So kannst du das Cluster **in alle Richtungen erweitern**.
- Es geht noch nicht um eine logische Anordnung der einzelnen Elemente. Deine Gedanken sollen **frei fließen** und auch Aspekte, die zunächst abwegig erscheinen, kannst du notieren. Auf diese Weise kannst du z. B. Ideen für die Handlung einer Erlebniserzählung bekommen.

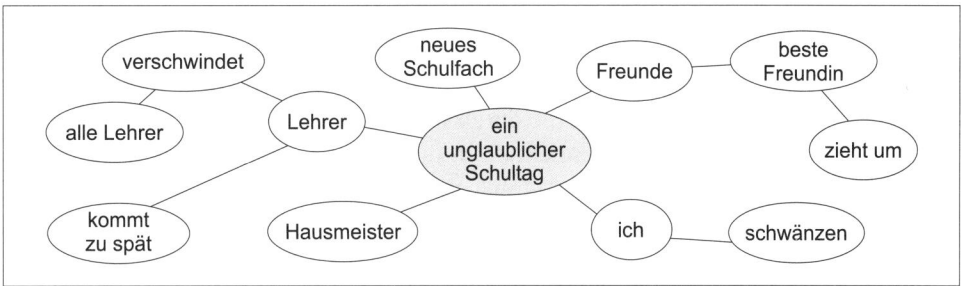

Eine **Mindmap** ist eine sogenannte „Gedankenlandkarte", mit deren Hilfe du Überlegungen, Ideen, Informationen grafisch **darstellen und ordnen** kannst. Du kannst sie von Hand oder mithilfe eines Computerprogramms erstellen.

Merke dir!
- Ausgangspunkt beim Mindmapping ist immer ein **Kernbegriff oder Thema**, das du in die Mitte schreibst (wie beim Cluster).
- Daran schließen sich **Äste** an. Man unterscheidet zwischen **Hauptästen**, auf denen **Oberbegriffe** stehen, und **Nebenästen**, auf denen die passenden **Unterbegriffe** stehen. Beim Anfertigen einer Mindmap musst du die Informationen also vorher in Ober- und Unterbegriffe einteilen und zuordnen, was zusammengehört.
- Schreibe auf jeden Ast möglichst **nur ein Wort oder eine Wortverbindung**, einen sogenannten Schlüsselbegriff. Die Anzahl der weiteren Verzweigungen ist beliebig bzw. vom Umfang des Themas abhängig.

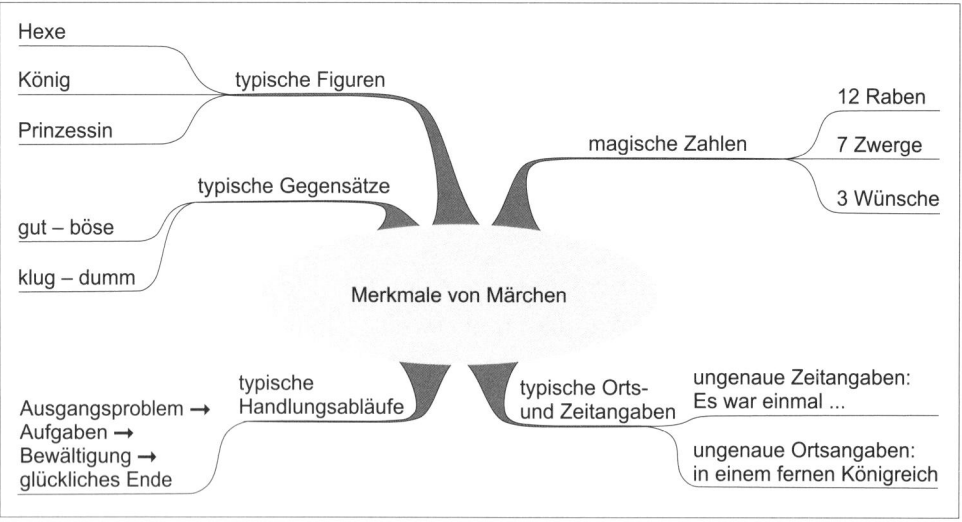

Aufgabe 16

a) Fertige ein Cluster für eine Erlebniserzählung zum Thema „Plötzlich Junge/Mädchen" an, in dem du deine Ideen sammelst und entwickelst.

b) Lies folgenden Text. Sammle zentrale Informationen in einer Mindmap. (Oberbegriffe: *äußere Merkmale, Vorkommen, Ernährung, Eigenschaften*)

Eisbären

1 Knut, Flocke und Wilbär, die berühmten Eisbären aus Berlin, Nürnberg und Stuttgart, haben das öffentliche Interesse an Eisbären geweckt. Dennoch wissen viele Menschen wenig über diese Bären, die etwa 20 Jahre alt werden können.
  Eisbären, die durch ihr gelblich weißes Fell auffallen, kommen in freier Wild-
5 bahn ausschließlich in der Arktis vor. Sie leben am Treibeis des Nordpolarmeeres und in den umliegenden Landstrichen. In der Antarktis gibt es keine Eisbären.
  Eisbären sind fast ausschließliche Fleischfresser: Ihre Hauptnahrungsquellen sind Robben, Fische und Seevögel. Sie sind ausgesprochen gute Schwimmer und schnelle, ausdauernde Läufer. 100 km am Stück zu laufen, ist für Eisbären keine
10 Seltenheit. Außerdem haben sie eine gewaltige Sprungkraft: Sie können fünf Meter breite Eisspalten überspringen.
  Ihre Haut ist schwarz gefärbt, sodass sie möglichst viel Wärme aufnehmen können. Eisbären haben einen schmalen Kopf und kleine Ohren, sind zugleich aber besonders groß: Sie werden bis zu drei Meter lang und wiegen bis zu 500 kg.
Quelle: eigener Text

2 Briefe schreiben

Wenn du einen Brief schreiben sollst, musst du dich an einige formale Vorgaben halten. Einen **Briefumschlag** musst du folgendermaßen beschriften:

Der **Briefbogen** sollte so aufgebaut sein:

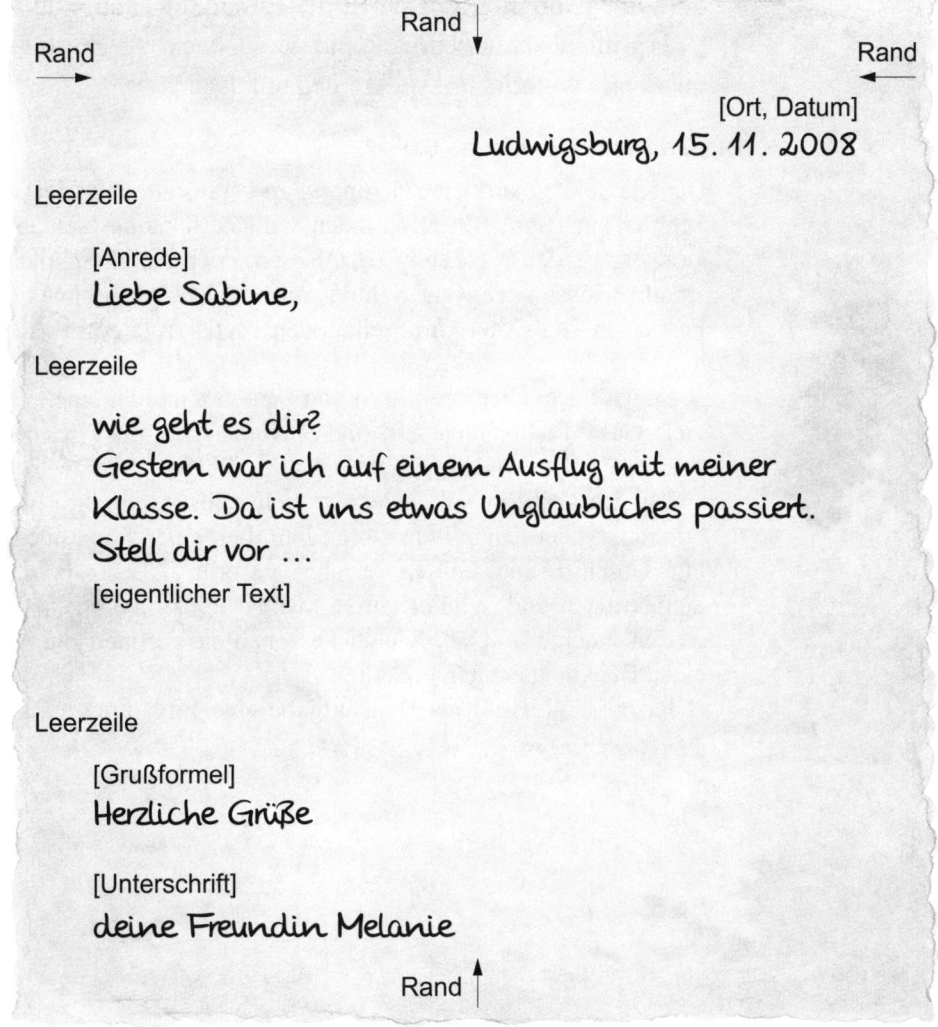

Kompetenzbereich: Schreiben

Merke dir! Beim Schreiben eines Briefes musst du auf Folgendes achten:

- Du musst **Ort** und **Datum** nennen. *Renningen, 27. Oktober 2008*
- Nach der Nennung von Ort und Datum kommt eine **Leerzeile**.
- Es muss eine **Anrede** und danach ein **Komma** geben. *Sehr geehrte Frau Maier,*
- Nach der Anrede kommt eine **Leerzeile**.
- Am Ende des Briefes steht eine **Grußformel**. *Mit freundlichen Grüßen*
- Darunter setzt du deine **Unterschrift**. *Ihre Susanne Walker*

Aufgabe 17 Lies den folgenden Text durch und schreibe dann die Einladung an die Eltern. Achte dabei auf die höfliche Anrede.

- Unterstreiche zunächst alle wichtigen Informationen im Text.
- Vervollständige dann die „Checkliste Inhalt" (siehe S. 23).
- Verfasse die Einladung zunächst als Entwurf.
- Schreibe dann die Reinschrift der Einladung sauber auf ein neues Blatt.
- Überprüfe abschließend anhand der „Checkliste Form" (siehe S. 23), ob du an alle wichtigen Aspekte gedacht hast.

Die Grillparty der Klasse 6 b

1 Die Klasse 6 b plant, eine Grillparty zu veranstalten, zu der die Schülerinnen und Schüler auch ihre Eltern einladen wollen. Johannes schlägt vor, die Party am Donnerstag, den 9. 6., steigen zu lassen, doch einige Schüler sind dagegen, weil sie am nächsten Tag zur Schule müssen. Deshalb einigen sie sich darauf, das
5 Fest einen Tag später, am Freitag, den 10. 6., zu feiern. Um 17 Uhr soll es losgehen.

Zum Glück haben die Eltern von Sandra Kindlein einen großen Garten, wo so viele Gäste Platz haben. Sie sind einverstanden, dass bei ihnen, in der Schillerstraße 12 in Ludwigsburg, gefeiert wird.

10 Für das Grillfest soll jeder für sich selbst Getränke, Fleisch und Brot mitbringen. Außerdem sollten einige Familien einen Salat oder Kuchen beisteuern. Für Geschirr und Gläser ist aber gesorgt. Als Programm wollen sich die Schülerinnen und Schüler einige lustige Spiele überlegen. Da Familie Kindlein wissen möchte, mit wie vielen Personen sie rechnen muss, soll die Einladung
15 einen Rückmeldebogen enthalten.

Jeder Schüler soll als Hausaufgabe eine Einladung zum Grillfest entwerfen.

Quelle: eigener Text

Checkliste

a) <u>Inhalt</u>

Wer schreibt den Brief/die Einladung? _____

An wen richtet sich der Brief? _____

Name des Absenders _____

Name und Adresse des Adressanten _____

_____

Anlass des Briefes/der Einladung _____

Datum der Feier _____

Ort der Veranstaltung _____

_____

Datum des Briefes _____

Ort (neben dem Datum) _____

Uhrzeit Beginn und Ende _____

_____

Muss etwas mitgebracht werden? _____

_____

b) <u>Form</u>

Überprüfe, ob du an alle wichtigen Aspekte gedacht hast. Hake ab, was du schon richtig gemacht hast und füge eventuell ein, was noch fehlt.

Ort und Datum müssen genannt werden. ☐

Nach der Nennung von Ort und Datum kommt eine Leerzeile. ☐

Es muss eine Anrede und danach ein Komma geben. ☐

Nach der Anrede kommt wieder eine Leerzeile. ☐

Vor der Grußformel muss sich eine Leerzeile befinden. ☐

Am Ende des Briefes steht eine Grußformel. ☐

Darunter hast du die Unterschrift gesetzt. ☐

3 Mit Texten produktiv umgehen/Textmuster zur kreativen Gestaltung eigener Texte nutzen

Beim produktiven Umgang mit Texten oder der kreativen Gestaltung eigener Texte nach Textmustern gibt es verschiedene Aspekte, die du beachten solltest. Möglichkeiten des produktiven/kreativen Schreibens sind zum Beispiel:

- eine **Leerstelle** in einem Text füllen
- die **Fortsetzung** eines Textes schreiben
- einen **Tagebucheintrag** einer der handelnden Figuren schreiben
- einen **Brief** verfassen, den eine Figur an eine andere schreibt
- einen **inneren Monolog** einer Figur schreiben
- den Inhalt in Form einer **anderen Textsorte** wiedergeben

Bei einer kreativen Schreibaufgabe ist es wichtig, dass du ...

- den Text **inhaltlich verstehst** und die Handlung nachvollziehen kannst.
- die **Textsorte** und deren **Merkmale** kennst.

Daher kannst du nach folgendem Schema vorgehen:

Merke dir!

1. Du musst den Text zunächst gründlich lesen und beim zweiten Lesen bearbeiten, d. h.:
   - Figuren und wichtige **Informationen unterstreichen**,
   - **Randnotizen** machen und
   - **Fragen notieren**.

2. Lies anschließend die **Aufgabenstellung** noch einmal genau durch und finde heraus, welche produktive Textsorte von dir verlangt wird. Gehe im Kopf die Merkmale der verlangten Textsorte durch und kläre anhand der Aufgabenstellung folgende Fragen:
   - Aus wessen **Perspektive** soll der Text geschrieben werden?
   - Was sind dabei die **sprachlichen Eigenheiten**?
   - **Wo** im vorhandenen Text soll dein Text stehen / Wird ein ganz neuer Text verlangt?
   - Welche Besonderheiten des **Textaufbaus** musst du beachten (z. B. Spannungsbogen bei der Erlebniserzählung, ...)

3. **Sammle** nun **Ideen** und halte Stichpunkte fest, z. B. in Form eines Clusters. Entwirf einen ungefähren Plan deines Textes, in dem alle inhaltlichen Punkte aufgeführt sind, die du aufnehmen möchtest.

4. Ist der Text fertig, solltest du ihn unbedingt nochmals zusammen mit der Textvorlage **durchlesen** und möglicherweise überarbeiten.

Die Bienenkönigin
Ein Märchen der Gebrüder Grimm

1 Zwei Königssöhne gingen auf Abenteuer und gerieten in ein wildes, wüstes Leben, sodass sie gar nicht wieder nach Haus kamen. Der jüngste, welcher der Dummling hieß, machte sich auf und suchte seine Brüder. Aber wie er sie endlich fand, verspotteten sie ihn, dass er mit seiner Einfalt sich durch die Welt schla-
5 gen wollte, und sie zwei könnten nicht durchkommen und wären doch viel klüger.

Sie zogen alle drei miteinander fort und kamen an einen Ameisenhaufen. Die zwei Ältesten wollten ihn aufwühlen und sehen, wie die kleinen Ameisen in der Angst herumkröchen und ihre Eier forttrügen, aber der Dummling sagte: „Lasst die Tiere in Frieden, ich leid's nicht, dass ihr sie stört!"

10 Da gingen sie weiter und kamen an einen See, auf dem schwammen viele, viele Enten. Die zwei Brüder wollten ein paar fangen und braten, aber der Dummling ließ es nicht zu und sprach: „Lasst die Tiere in Frieden, ich leid's nicht, dass ihr sie tötet!"

Endlich kamen sie an ein Bienennest, darin war so viel Honig, dass er am
15 Stamm herunterlief. Die Zwei wollten Feuer unter den Baum legen und die Bienen ersticken, damit sie den Honig wegnehmen könnten. Der Dummling hielt sie aber wieder ab und sprach: „Lasst die Tiere in Frieden, ich leid's nicht, dass ihr sie verbrennt!"

Endlich kamen die drei Brüder in ein Schloss, wo in den Ställen lauter steiner-
20 ne Pferde standen. Auch war kein Mensch zu sehen, und sie gingen durch alle Ställe, bis sie vor eine Türe ganz am Ende kamen. Davor hingen drei Schlösser; es war aber mitten in der Türe ein Lädlein, dadurch konnte man in die Stube sehen. Da sahen sie ein graues Männchen, das an einem Tisch saß. Sie riefen es an, einmal, zweimal, aber es hörte nicht. Endlich riefen sie zum dritten Mal; da
25 stand es auf, öffnete die Schlösser und kam heraus. Es sprach aber kein Wort, sondern führte sie zu einem reich besetzten Tisch. Als sie gegessen und getrunken hatten, brachte es einen jeglichen in sein eigenes Schlafgemach.

Am andern Morgen kam das graue Männchen zu dem Ältesten, winkte und leitete ihn zu einer steinernen Tafel, darauf standen drei Aufgaben geschrieben,
30 wodurch das Schloss erlöst werden könnte.

Die erste war: In dem Wald unter dem Moos lagen die Perlen der Königstochter, tausend an der Zahl. Die mussten aufgesucht werden, und wenn vor Sonnenuntergang noch eine einzige fehlte, so ward der, welcher gesucht hatte, zu Stein. Der älteste ging hin und suchte den ganzen Tag, als aber der Tag zu Ende war,
35 hatte er erst hundert gefunden; es geschah, wie auf der Tafel stand: Er ward in Stein verwandelt. Am folgenden Tage unternahm der zweite Bruder das Abenteuer. Es ging ihm aber nicht viel besser als dem Ältesten, er fand nicht mehr als zweihundert Perlen und ward zu Stein.

Endlich kam auch der Dummling an die Reihe und er suchte im Moos; es war
40 aber so schwer, die Perlen zu finden, und ging so langsam. Da setzte er sich auf einen Stein und weinte.

Und wie er so saß ...

(...)

Die zweite Aufgabe aber war, den Schlüssel zu der Schlafkammer der
45 Königstochter aus dem See zu holen. Als der Dummling zum See kam ...

(...)

Kompetenzbereich: Schreiben

Die dritte Aufgabe aber war die schwerste: Von den drei schlafenden Töchtern des Königs sollte die jüngste und liebste herausgesucht werden. Sie glichen sich aber vollkommen und waren durch nichts verschieden, als dass sie, bevor sie
50 eingeschlafen waren, verschiedene Süßigkeiten gegessen hatten: die Älteste ein Stück Zucker, die Zweite ein wenig Sirup, die Jüngste einen Löffel Honig. Da kam die Königin der Bienen, die der Dummling vor dem Feuer geschützt hatte, und versuchte den Mund von allen dreien. Zuletzt blieb sie auf dem Mund sitzen, der Honig gegessen hatte, und so erkannte der Königssohn die Rechte.
55 Da war der Zauber vorbei, alles war aus dem Schlaf erlöst, und wer von Stein war, erhielt seine menschliche Gestalt wieder. Und der Dummling vermählte sich mit der Jüngsten und Liebsten und ward König nach ihres Vaters Tod, seine zwei Brüder aber erhielten die beiden andern Schwestern.

ENDE

Quelle: www.grimmstories.com, Stand: 20. 05. 2008 (leicht verändert)

Aufgabe 18   In dem Märchen fehlen zwei Passagen (siehe Zeilen 43 und 46). Schreibe die beiden fehlenden Textstellen.

4 Einfache Vorgänge beschreiben

Bei einer **Vorgangsbeschreibung** gibt man einen Vorgang so genau wieder, dass andere in der Lage sind, ihn selbst durchzuführen. Es kann sich dabei um ganz verschiedene Arten von Vorgängen handeln, zum Beispiel um Koch- oder Backrezepte, Spiel- oder Bastelanleitungen. Folgendes solltest du beim Verfassen von Vorgangsbeschreibungen unbedingt beachten:

Merke dir!
- Nenne zunächst, **was benötigt wird**: Materialien, Werkzeuge, Zutaten oder Personen.
- Gliedere den Vorgang in **einzelne Schritte** und gib diese in der **richtigen Reihenfolge** wieder.
- Beschreibe **sachlich und präzise**: Verwende verschiedene treffende Verben, Adjektive und Fachbegriffe. Achte aber darauf, dass die Fachbegriffe für die Leser verständlich sind.
- **Beschreibe knapp**: Lasse Überflüssiges weg und beschränke dich auf die nötigen Informationen.
- Achte darauf, die **zeitliche Abfolge** durch passende und abwechslungsreiche Adverbien oder Konjunktionen **deutlich zu machen**: *zuerst, zunächst, danach, dann, nun, anschließend, während, dort ...*
- Am Ende der Beschreibung kannst du zum Beispiel erklären, wie das entstandene Produkt **verwendet** wird oder **weitere Tipps** nennen.
- Verwende für Vorgänge, die man wiederholen kann, das **Präsens**. **Einmalige Vorgänge** können stattdessen im **Präteritum** stehen.
- Bei Anleitungen und Rezepten wird meist das unpersönliche „**man**" oder der **Imperativ** (= Befehlsform) verwendet.

Auch **Wegbeschreibungen** gehören zu den Vorgangsbeschreibungen. Die meisten genannten Punkte treffen auch auf Wegbeschreibungen zu. Sie haben jedoch einige **Besonderheiten**, auf die du achten musst:

Merke dir!
- In Wegbeschreibungen wird oft nicht das unpersönliche „man" verwendet, sondern es wird eine Person **direkt angesprochen**.
- Zunächst solltest du einen **Startpunkt** festlegen. Mache eventuell auch grobe Angaben zu **Richtung** (z. B. *links, neben, gegenüber von*), **Entfernung** und/oder benötigter **Zeit**.
- Nenne wichtige oder **auffällige Gebäude, Plätze, Straßen** als Orientierungshilfe.
- Verwende **Richtungsangaben**.

Apfeltaschen

Manuel ist zum Geburtstag seiner Klassenkameradin Elisa eingeladen. Als besonderes Geschenk will er Apfeltaschen backen. Er hat das aber noch nie alleine gemacht und ist sich beim Vorgehen nicht ganz sicher. Im Rezeptheft seiner Mutter stehen leider keine genaueren Erklärungen. Da seine Mutter nicht da ist, fragt er seine große Schwester Lena um Rat.

250 g Mehl
1 Päckchen Backpulver
½ Teelöffel Salz
200 g Margarine
250 g Quark
6 - 8 Äpfel
Rosinen
Zucker
Zimt
Puderzucker
8 cm, 175 Grad, 20 min.

1 MANUEL: Also, ich weiß, dass man für die Füllung die Äpfel mit Rosinen, Zucker und Zimt in der Pfanne braten muss.

LENA: Man muss sie nicht braten, sondern
5   nur kurz andämpfen. Aber vergiss nicht, dass du die Äpfel vorher schälen und in kleine Würfel schneiden musst.

MANUEL: Natürlich nicht. Dachtest du etwa, ich will sie am Stück in die Pfanne legen? Sag mal, weißt du noch, wie viele Äpfel man braucht?

10 LENA: Na ja, was steht denn in Mamas Rezeptheftchen?

MANUEL: Aha, ja, hier steht's: 6–8 Stück. Wofür braucht man denn die anderen Zutaten alle?

LENA: Na, für den Teig natürlich! Außer den Puderzucker. Damit bestreust du die Apfeltaschen nach dem Backen.

15 MANUEL: Und wie viel Rosinen, Zucker und Zimt müssen denn in die Füllung rein? Da steht gar nichts dabei.

LENA: Etwas davon halt. Da steht nichts dabei, weil man das nach Belieben dazugibt. Es gibt ja auch Leute, die Rosinen oder Zimt gar nicht mögen …

MANUEL: Und wie macht man jetzt den Teig?

20 LENA: Ganz einfach: Du vermischst alles und rührst, bis du einen glatten Teig hast. Und dann kommt der Teig in den Kühlschrank oder in den Keller. Du musst in kaltstellen. Und dann fängst du erst mit der Füllung an.

MANUEL: Also mache ich den Teig vorher! Und wenn ich Teig und Füllung fertig hab', dann muss ich den Teig auswellen und in Quadrate schneiden, richtig? Und
25   da kommt dann die Füllung drauf.

LENA: Ja, genau. Schau, Mama hat unter die Zutaten 8 cm geschrieben. So groß sollten die Quadrate etwa sein. Und wenn auf jedem ein wenig von der Füllung ist, dann legst du die Quadrate zu Dreiecken zusammen. Es ist wichtig, dass du die Ränder gut andrückst, damit die Taschen beim Backen nicht aufgehen. Und
30   dann kommen sie in den Ofen.

MANUEL: Hier steht's ja: 175 Grad, 20 Minuten, oder?

LENA: Ja. Und leg' unbedingt das Backblech mit Backpapier aus. Sonst bleibt nachher noch alles kleben.

MANUEL: Alles klar. Danke, Lena.

Quelle: eigener Text

Aufgabe 19   Schreibe das Apfeltaschen-Rezept in ganzen Sätzen auf. Alle nötigen Informationen findest du in der Zutatenliste und in dem Gespräch.

Kompetenzbereich: Schreiben

5 Texte überarbeiten

Einen Text zu schreiben ist eine Sache, einen Text sinnvoll zu überarbeiten und zu verbessern, eine andere. Oft fällt es schwer, den eigenen Text (z. B. während eines Aufsatzes) nochmals genau und **kritisch** unter die Lupe zu nehmen. Liest man den Text gleich im Anschluss ans Schreiben durch, fallen oft selbst grobe Fehler nicht auf; man hat einen sogenannten **Tunnelblick**. Um dies zu vermeiden, gehe beim Überarbeiten eines Textes so vor:

Merke dir!

1. Kläre gedanklich nochmals den Auftrag der **Aufgabenstellung**.
2. Nimm dir die Zeit, den Text langsam und gründlich **durchzulesen**.
3. Achte dabei zunächst auf den **Satzbau**!
4. **Markiere Textstellen/Sätze**, die sich holprig anhören und später nochmals verändert werden müssen.
5. Überlege, ob die Regeln der **Kommasetzung** beachtet wurden.
6. Überprüfe die **Rechtschreibung**. Nutze, falls möglich, das Wörterbuch.
7. Kontrolliere: Sind alle wesentlichen **inhaltlichen Punkte** berücksichtigt? (Hake die inhaltlichen Punkte möglichst auf einer Mindmap oder Checkliste ab.)
8. Sind die Inhalte in einer sinnvollen **Reihenfolge** angeordnet?
9. Klingt der Text insgesamt **schlüssig**?

Aufgabe 20

Lies zunächst folgende Bastelanleitung durch. Überarbeite sie anschließend wie im Merkkasten vorgeschlagen. Die Linien neben der Anleitung sind für deine Notizen und Verbesserungen gedacht. Schreibe zum Schluss eine überarbeitete Version der Vorgangsbeschreibung auf ein eigenes Blatt.

Bastelanleitung für einen Stifthalter

Zunächst stellt man die Papprollen dicht aneinander. Je mehr Papprollen man nimmt, desto stabiler wird der stifthalter. Dann hefte ich sie mit einem Hefter zusammen, sodass die Rollen gut miteinander befestigt sind. Man heftet sie oben und unten zusammen. Dann wird der Boden des Stifthalters angefertigt. Dazu habe ich die Rollen auf die Pappe gestellt und dann die Form auf der Pappe nachgezeichnet und dann ausgeschnitten. Dann ist das Stück Pappe genauso gross wie die Grundfläche der Rollen. Dann klebt man die Rollen mit dem Klebeband auf die Pappe, so wird der Boden angefertigt. Zum Schluß kann man den Stiftehalter noch dekorieren, indem man ihn z. B. mit buntem Papier und ausgeschnittenen Blumen beklebt. Ich habe dafür grünes Papier genommen.

Kompetenzbereich: Sprachbewusstsein entwickeln

1 Grundwortarten unterscheiden

Einige **Wortarten** kennst du bestimmt schon: **Nomen** (oder Substantive), **Artikel**, **Verben**, **Adjektive** und **Pronomen**. Wichtig ist, dass du diese Wortarten unterscheiden und einzelne Wörter zuordnen kannst.

Merke dir!

Nomen

- bezeichnen **Personen** *(Schülerin)*, andere **Lebewesen** *(Tier)*, **Namen** *(Petra)*, **Gegenstände** *(Tisch)* und **gedachte oder vorgestellte Dinge** (also Sachen, die man nicht anfassen kann, wie *Freundschaft, Angst*).
- werden immer **großgeschrieben** und oft von einem **Artikel** begleitet.
- kannst du meist in die Einzahl (**Singular**) oder Mehrzahl (**Plural**) setzen.
- können in einen bestimmten **Kasus** *(de<u>r</u> Baum, de<u>n</u> Mann, de<u>m</u> Kind)* bzw. Numerus (Singular/Plural) gesetzt werden. Man kann sie **deklinieren**.

Artikel

- begleiten Nomen. Man unterscheidet **bestimmte** *(der, die, das)* **und unbestimmte** *(ein, eine)* Artikel.
- stimmen in Zahl, Geschlecht und Fall mit den Nomen überein, die sie begleiten *(der Hund = Nominativ Singular)*: Man kann sie **deklinieren**.

Verben

- sind sogenannte Tätigkeitswörter oder Zeitwörter. Sie geben an, was jemand tut oder was geschieht. Die Grundform der Verben nennt man **Infinitiv** *(gehen)*.
- können **in verschiedene Zeiten** gesetzt werden *(er geht* oder *er ging)*.
- kann man **konjugieren**, also in verschiedene Personalformen setzen *(ich gehe, du gehst, er/sie/es geht, wir gehen, ihr geht, sie gehen)*. Weitere Formen: Partizip I *(gehend)*, Partizip II/Partizip Perfekt *(gegangen)*.

Adjektive

- sind Eigenschaftswörter, mit denen man Lebewesen, Dinge usw. **genauer beschreiben** kann.
- kann man **deklinieren**: Sie passen sich dem Nomen an, auf das sie sich beziehen *(<u>die</u> gro<u>ßen</u> Frauen)*.
- kann man meistens **steigern**. *(klein* → Komparativ: *klein<u>er</u>* → Superlativ: *<u>am</u> klein<u>sten</u>)*

Kompetenzbereich: Sprachbewusstsein entwickeln

Pronomen

- stehen als **Stellvertreter/Begleiter von Nomen**:
  Personalpronomen *(ich, du, er/sie/es, wir, ihr, sie)* können Nomen ersetzen.
  Possessivpronomen (besitzanzeigende Fürwörter, z. B. *mein, dein*) oder
  Demonstrativpronomen *(diese, dieser, jenes)* begleiten sie
  (mein Haus, dieses Haus).

- können ebenfalls **dekliniert** werden.

Aufgabe 21 Bestimme die unterstrichenen Wörter in folgendem Textauszug.

Wie bei den menschlichen Darstellern gibt es auch bei tierischen Darstellern Castings (…). Als ein neuer „Kommissar Rex" gesucht wurde, meldeten sich 300 Hundehalter und 15 Hunde wurden schließlich einem Eignungstest unterzogen. Neben den normalen Befehlen müssen die Tiere vor der Kamera vor allem auf Befehle reagieren, die der Tiertrainer aus der Entfernung und nur per Hand gibt – schließlich kann er nicht ständig im Bild auftauchen und seine Befehle dürfen auch nicht mit auf die Tonspur.

Quelle: www.wasistwas.de, Stand: 18. 05. 2008 (leicht verändert)

menschlichen: _____

tierischen: _____

ein: _____

Rex: _____

einem: _____

Eignungstest: _____

unterzogen: _____

der: _____

Entfernung: _____

er: _____

seine: _____

2 Tempora bilden

Verben können in verschiedene Zeiten (**Tempora**, Singular: Tempus) gesetzt werden: **Präsens**, **Präteritum**, **Perfekt**, **Plusquamperfekt** und **Futur**. Sie geben uns Auskunft darüber, wann etwas passiert.

Merke dir!

- Mit dem **Präsens** (Gegenwart) drückt man aus, dass etwas in der **Gegenwart** geschieht *(Ich gehe gerade.)* oder dass etwas immer gültig ist. *(Eis ist kalt.)*
- Das **Präteritum** (1. Vergangenheit) wird meist für die **schriftliche Wiedergabe** von Ereignissen in der **Vergangenheit** verwendet. *(Ich ging.)*
- Das **Perfekt** (2. Vergangenheit) drückt ebenfalls aus, dass etwas bereits **vergangen** ist, und wird vor allem in **mündlichen Erzählungen** verwendet. Es wird mit der **Präsensform der Hilfsverben *haben* oder *sein*** und dem **Partizip II** des jeweiligen Verbs gebildet. *(Ich bin gegangen.)*
- Das **Plusquamperfekt** (3. Vergangenheit) bezeichnet die **Vorvergangenheit**. Es wird mit der Präteritumform der Hilfsverben *haben* oder *sein* und dem Partizip II des jeweiligen Verbs gebildet. *(Ich war gegangen.)*
- Mit dem **Futur** (Zukunft) drückt man aus, dass etwas in der **Zukunft** passieren wird. Zur Bildung des Futurs verwendet man die **Präsensform des Verbs *werden*** und den **Infinitiv** des jeweiligen Verbs. *(Es wird passieren.)*
Oft verwenden wir jedoch Zeitangaben (z. B. *morgen*), um zu kennzeichnen, dass wir über die Zukunft sprechen. Dann bleibt das Verb häufig im Präsens. *(Morgen passiert es.)*

Aufgabe 22

Vervollständige die Tabelle; verändere nur die Zeiten. Die Personalpronomen bleiben in jeder Zeile, wie sie vorgegeben sind. (Bilde also alle Formen von sagen mit „ich", von rufen mit „du" usw.)

Präsens	Präteritum	Perfekt	Plusquamperfekt	Futur
ich sage	ich sagte			
	du riefst			
		wir sind gelaufen		
			er hatte gesehen	
				ihr werdet lesen

Kompetenzbereich: Sprachbewusstsein entwickeln

Aufgabe 23   Setze den folgenden Textauszug in die Vergangenheit.

Die Rolle des Charly teilen sich drei Schimpansen, die abwechselnd eingesetzt werden: So muss ein Affe nicht alles können. Jeder der drei hat seine Spezialitäten an Szenen und einen eigenen Kopf. Kirby ist zum Beispiel die Beste, wenn es um Szenen mit anderen Tieren geht.

Quelle: www.wasistwas.de, Stand: 18. 05. 2008 (leicht verändert)

_____

_____

_____

_____

3 Satzglieder unterscheiden

Sätze bestehen aus verschiedenen Satzgliedern. Ein Satzglied kann aus einem Wort oder aus mehreren Wörtern gebildet sein. Im Folgenden kannst du wiederholen, welche Satzglieder es gibt und wie du sie erkennst.

Merke dir!   Die **Umstellprobe** hilft dir, zu erkennen, welche Wörter ein Satzglied bilden:

- Stelle einen Satz mehrfach um und beobachte, **welche Wörter immer zusammenbleiben**.
- Die Wörter, die nicht getrennt werden können, ohne dass sich der Sinn des Satzes verändert, **bilden ein Satzglied**.

    Beispiel: Das Mädchen geht am Morgen in die Schule.
    → *Am Morgen geht das Mädchen in die Schule.*
    → *In die Schule geht das Mädchen am Morgen.*
    Der Satz hat also vier Satzglieder:
    Das Mädchen | geht | am Morgen | in die Schule.

Kompetenzbereich: Sprachbewusstsein entwickeln

Aufgabe 24 Stelle den folgenden Satz mehrfach um. Markiere dann im ursprünglichen Satz die verschiedenen Satzglieder mit |.

Gestern Abend sah ich im Park einen Hund.

___

Wir unterscheiden folgende Satzglieder: **Subjekt**, **Prädikat**, **Objekt** (Akkusativobjekt, Genitivobjekt, Dativobjekt), **adverbiale Bestimmung** der Zeit (Temporaladverbial), des Ortes (Lokaladverbial), des Grundes (Kausaladverbial) und der Art und Weise (Modaladverbial).

Merke dir! Die **Frageprobe** hilft dir, zu erkennen, welches Satzglied vorliegt:

- Das **Subjekt** ist der Satzgegenstand.
  Du erfragst es durch „**Wer oder was** …?".

- Das **Prädikat** ist die Satzaussage: Es drückt die Handlung des Subjekts aus.
  Das Prädikat ist das konjugierte Verb (das aus zwei Teilen bestehen kann).
  Es wird durch „**Was tut** …?" oder „**Was geschieht** …?" erfragt.

- Auf das Objekt bezieht sich die Handlung des Subjektes.
  Das **Akkusativobjekt** wird durch „**Wen oder was** …?",
  das **Genitivobjekt** durch „**Wessen** …?" und
  das **Dativobjekt** durch „**Wem** …?" erfragt.

- Adverbiale Bestimmungen geben Umstände eines Geschehens an:
  Ein **Temporaladverbial** bezieht sich auf Zeit oder Dauer.
  Man erfragt es z. B. durch „**Wann** …?" oder „**Wie lange** …?".
  Ein **Lokaladverbial** bezieht sich auf den Ort und wird z. B.
  durch „**Wo** …?", „**Wohin** …?" oder „**Woher** …?" erfragt.
  Ein **Kausaladverbial** gibt einen Grund an.
  Man erfragt es durch „**Warum** …?".
  Ein **Modaladverbial** gibt Erklärungen zur Art und Weise eines Geschehens und wird durch „**Wie** …?" erfragt.

Aufgabe 25 Benenne die Satzglieder der folgenden Sätze. Schreibe unter die Satzglieder.

Das Mädchen | geht | am Morgen | in die Schule.

___

Gestern Abend | sah | ich | im Park | einen Hund.

Kompetenzbereich: Sprachbewusstsein entwickeln

Merke dir!
- **Attribute** sind Erweiterungen von Satzgliedern.
  Sie gehören untrennbar zu ihrem **Bezugswort** und sind somit keine eigenen Satzglieder. Sie geben **nähere Informationen** zu Satzgliedern.
- Attribute können weggelassen werden. Durch die **Weglassprobe** kann man leicht herausfinden, ob es sich tatsächlich um ein Attribut handelt: Wenn man es weglässt, bleibt der Satz dennoch grammatikalisch richtig.
- Attribute kann man durch „**Was für ein …?**", „**Was für eine …?**" erfragen.

Aufgabe 26

Führe bei folgendem Satz die Umstellprobe durch. Kennzeichne dann die Satzglieder und bestimme sie. Schreibe die Bezeichnung jeweils unter das Satzglied. Kennzeichne Attribute durch Einkreisen.

Seit Wochen schlafe ich wegen der großen Hitze schlecht.

4 Satzarten anwenden

Wir unterscheiden verschiedene Satzarten. Zu den einfachen Satzarten gehören der Frage-, der Aussage- und der Aufforderungssatz.

Merke dir!

Fragesatz
- Der Fragesatz wird durch ein **Fragezeichen** gekennzeichnet und oft durch ein Fragewort eingeleitet.
- Das **Prädikat** steht **an erster Stelle bzw. hinter dem Fragewort**.
- Oft wird der Fragesatz auch für **Aufforderungen** verwendet.
  (Machst du bitte die Türe zu?)

Aussagesatz
- Beim Aussagesatz steht das **Prädikat an der zweiten Stelle** im Satz.
- Er wird in der Regel durch einen **Punkt** gekennzeichnet.
  (Ich mache die Türe zu.)

Aufforderungssatz
- Mit einem Aufforderungssatz sagt man jemandem, was er tun soll.
- Er wird oft durch ein **Ausrufezeichen** gekennzeichnet.
- Das **Prädikat** steht im **Imperativ** (Befehlsform) an der **ersten Stelle** im Satz.
  (Mach die Türe zu!)

Kompetenzbereich: Sprachbewusstsein entwickeln

Aufgabe 27 Forme den folgenden Aussagesatz in einen Fragesatz und in einen Aufforderungssatz um.

Du gehst jeden Tag in die Schule.

_____

_____

Neben den einfachen Satzarten gibt es auch sogenannte **zusammengesetzte Satzarten**. Wir unterscheiden dabei zwischen Satzreihen und Satzgefügen:

Merke dir! **Satzreihe**

- Eine Satzreihe ist eine **Verbindung mehrerer Hauptsätze**.
- Diese können durch **Kommas** und/oder durch **Konjunktionen** (Bindewörter, z. B. *aber*) verbunden sein.

Satzgefüge

- Ein Satzgefüge ist die **Verbindung von einem Hauptsatz und mindestens einem Nebensatz**.
- Der Nebensatz wird meist durch eine **Konjunktion** (z. B. *weil, obwohl*) oder ein Relativpronomen *(der, die)* eingeleitet.
- Nebensätze werden durch **Kommas** vom Hauptsatz abgetrennt.
- Nebensätze, die durch ein **Relativpronomen** eingeleitet werden, nennt man **Relativsätze**.

Tipp: Wenn du dir bei der Unterscheidung zwischen Haupt- und Nebensätzen nicht sicher bist, kannst du dich an folgende Regeln halten:
- **Hauptsätze** erkennst du daran, dass das **Prädikat an zweiter Stelle** steht.
- **Nebensätze** erkennst du daran, dass das **Prädikat an letzter Stelle** im Satz steht und dass sie in der Regel **nicht alleine** stehen können.

Aufgabe 28 Bestimme, ob bei den folgenden Sätzen Satzreihen oder Satzgefüge vorliegen.

a) Der Hund hört die Schritte, er fängt an zu bellen.

_____

b) Der Mann läuft zur Türe, aber er klingelt nicht.

_____

c) Der Hund bellt immer noch, obwohl niemand mehr da ist.

d) Er riecht den Mann, der gerade noch da war.

5 Sätze mit Konjunktionen verknüpfen

Konjunktionen oder Bindewörter **verbinden Sätze oder Satzteile** miteinander. Mit Konjunktionen kann man zeitliche Zusammenhänge *(nachdem, als, während)*, Gründe *(weil, da)*, Gegengründe *(obwohl)*, Absichten *(damit)*, Bedingungen *(wenn, falls)* oder die Art des Geschehens *(indem)* ausdrücken. Du musst also je nach **Zusammenhang** die passende Konjunktion auswählen.

Merke dir!
- **Nebenordnende Konjunktionen** *(und, aber, oder)* verbinden Wörter, Wortgruppen oder **gleichrangige Sätze** (etwa zwei Hauptsätze) miteinander.
- **Unterordnende Konjunktionen** *(weil, als, nachdem, bevor, wenn, dass, damit)* leiten **Nebensätze** ein und verbinden diese mit dem übergeordneten Hauptsatz.

Aufgabe 29 Verbinde jeweils beide Sätze zu einem korrekten und sinnvollen Satzgefüge.

a) Ich gehe gerne in die Schule. Man muss dort viel lernen.

b) Ich singe jeden Tag. Ich werde später ein berühmter Sänger.

c) Er hat sein Essen bezahlt. Er hat das Restaurant verlassen.

Kompetenzbereich: Sprachbewusstsein entwickeln

6 Wortfamilien/Wortfelder bilden

Merke dir!
- Ein **Wortfeld** besteht aus Wörtern mit ähnlicher Bedeutung. Alle Wörter eines Wortfeldes gehören zur **selben Wortart**. Zu dem Wortfeld *gehen* gehören z. B. *rennen, laufen, schlendern, ...*

- Eine **Wortfamilie** besteht aus Wörtern, die den **gleichen Wortstamm** besitzen. Sie können zu **verschiedenen Wortarten** gehören. Folgende Wörter gehören zur Wortfamilie mit dem Wortstamm *-schreib-*: *schreiben, aufschreiben, Schreibschrift, Schreibung, Schrieb, geschrieben, ...*
  Die Schreibung und Lautgestalt des Wortstamms kann sich also ändern *(schreiben – geschrieben)*.

Aufgabe 30

a) Suche mindestens sechs Wörter zum Wortfeld *sagen*.

_____

_____

b) Suche zur Wortfamilie *gehen* mindestens zwei Nomen, zwei Verben und ein Adjektiv.

_____

_____

Kompetenzbereich: Rechtschreibung und Zeichensetzung

Deine Rechtschreibkenntnisse und der richtige Gebrauch der Zeichensetzung werden in den Vergleichsarbeiten einerseits in gesonderten Aufgaben geprüft. Andererseits wird aber auch in anderen Teilbereichen deine Rechtschreibleistung mitbewertet. Daher solltest du bei allen Aufgaben auf die Schreibweise achten. Wenn du bei einem Wort unsicher bist, wende dir bekannte Rechtschreibregeln und -strategien an. Diese kannst du im Folgenden auffrischen.

1 Rechtschreibregeln zur Groß- und Kleinschreibung

Das Beherrschen der Groß- und Kleinschreibung wird fast immer überprüft. Die folgenden Regeln sagen dir, welche Wörter du großschreiben musst. Um sie dir einzuprägen, kannst du sie auf ein Lernplakat schreiben.

Merke dir!

- **Satzanfänge**: *Ein einsamer Hund ging langsam die Straße entlang.*
- **Eigennamen**: *Paul Schmidt wohnt in der Toni-Schumacher-Straße in Köln.*
- das **Anredepronomen *Sie*** in allen Formen: *Können Sie bitte Ihrem Hund klarmachen, dass er nicht in meinem Garten sein Geschäft verrichten soll.*
- **Anfangswörter von Überschriften oder Titeln**: *Ein gelungener Streich*
- **Nomen/Substantive**: *der Hund, seine Hoffnung, viel Honig, dieser Morgen*; alle Wörter mit den Nachsilben *-ung, -nis, -heit, -keit* und *-tum*: *Heiterkeit, Reichtum, Wachsamkeit*
- **Substantivierungen**:
    - **substantivierte Verben** (erkennbar an den Begleitern):
      Sein fröhliches Lachen war ansteckend. / Das Jammern nervte ihn.
      Folgende Wortarten kommen als vorausgehender **Begleiter** infrage:
      Artikel *(der, die, das, ein, eine, …)*: *das Kichern*
      Pronomen *(dieser, jener, mein, dein, sein, ihr, …)*: *unser Flüstern*
      Präpositionen *(oft mit Artikel: beim, am, …)*: *zum (= zu dem) Knutschen*
      Mengen- und Zahlwörter *(kein, wenig, viel, alles, zwei …)*: *kein Lachen*
    - **substantivierte Adjektive** (erkennbar an den Begleitern):
      Das freundliche Blau gefiel ihr gut./ Alles Gute. / Ich weiß nichts Neues.
      Adjektive werden zu Substantiven, wenn sie **Begleiter** haben:
      schön → das Schöne/die Schönheit
      Häufige Begleiter sind **Mengenwörter** wie *viel, wenig, alles, nichts, etwas, manches, einiges, allerlei, ein paar, genug.*

Kompetenzbereich: Rechtschreibung und Zeichensetzung

Tipp: Bei **zusammengesetzten Wörtern** bestimmt der **letzte Wortteil**, ob das Wort groß- oder kleingeschrieben wird: *Kinder + leicht → kinderleicht / blau + Licht → Blaulicht / brennen + Holz → Brennholz*

Aufgabe 31 Schreibe folgende Sätze in der korrekten Groß- und Kleinschreibung. Achte auf Begleiter (Artikel, Pronomen, …); sie können dir helfen.

a) FÜR VIELE SCHÜLER GIBT ES KAUM ETWAS SCHLIMMERES ALS VIELE HAUSAUFGABEN AN SONNIGEN TAGEN.

b) LIEBE FERIENGÄSTE, BITTE DENKEN SIE BEIM VERLASSEN DES STRANDS AUCH ANS AUFRÄUMEN IHRES MÜLLS.

c) ÜBER SEINE VERWANDTSCHAFT GAB ES IMMER VIEL SPANNENDES ZU ERZÄHLEN.

d) DURCH STETES ÜBEN DER VOKABELN KÖNNTE ER PROBLEMLOS SEIN SCHULENGLISCH VERBESSERN.

e) STADTKATZEN SIND OFT ZIEMLICH WASSERSCHEU.

Kompetenzbereich: Rechtschreibung und Zeichensetzung

2 Rechtschreibregeln zu s-Lauten

s, ss oder ß?

Es gibt drei Möglichkeiten, den s-Laut zu schreiben: *s, ss* oder *ß*. Um jeweils die richtige Form zu wählen, kannst du dich an folgende Regeln halten:

Merke dir!

s steht ...
- bei **stimmhaft** gesprochenen s-Lauten: *sauber, Wiese, Rasen*.
- oft bei **stimmlosen** s-Lauten **am Wortende**: *bis, was, Gras*. Bei den meisten dieser Wörter spricht man das s in der **Verlängerung** des Wortes (siehe S. 46) stimmhaft: *Eis – eisig, Gras – Gräser, Los – Lose*.

ss steht ...
- bei **stimmlos** gesprochenen s-Lauten nach **kurzem Vokal**: *Biss, müssen, küssen, Schluss*.

ß steht ...
- bei **stimmlos** gesprochenen s-Lauten nach **langem Vokal**: *er aß, sie saß, Fuß, Gruß*.
- nach den **Doppellauten** au, äu, ei oder eu: *sie weiß, beißen, heißen*.

Aufgabe 32

Ergänze die Leerstellen in den Wörtern durch s, ss oder ß.

Die sü__e Sandra besa__ mehrere Leidenschaften. Sie a__ gerne Schokolade und Ei__, spielte au__erordentlich gerne Fu__ball und hoffte, da__ sie eines Tages in die Nationalmannschaft aufgenommen würde. Viele aus ihrer Kla__e la__en gerne Comics, aber da__ war nichts für sie. Lieber geno__ sie drau__en im Garten die hei__e Sommerluft und bi__ genü__lich in ein Stück Wa__ermelone.

das oder dass?

Bei der Frage, ob du *das* oder *dass* schreiben musst, gilt folgende Regel:

Merke dir!

das steht bei der Verwendung des Wortes als ...
- **Artikel**: *Ihm gefällt das Haus seiner Nachbarn.*
- **Relativpronomen**: *Er mag Eis, das nach Melone schmeckt.*
- **Demonstrativpronomen**: *Ich hoffe, das hat dir geholfen.*

Ersatzprobe: Du kannst *das* durch *ein, dieses, jenes, welches* ersetzen.

dass steht bei der Verwendung des Wortes als ...
- **Konjunktion**: *Ich hoffe, dass es dir gut geht. / Ich denke nicht, dass das wahr ist. / Sie befürchten, dass es bald regnet.*

Kompetenzbereich: Rechtschreibung und Zeichensetzung

Aufgabe 33 Entscheide, ob in die Leerstelle *das* oder *dass* eingesetzt werden muss.

Meine Mutter: „Wie oft habe ich dir schon gesagt, d____ du deine Pullover in d____ untere Fach im Schrank räumen sollst? Ich weiß genau, d____ d____ Chaos nicht der Hund verursacht hat. So geht d____ nicht weiter, d____ kannst du mir glauben. Denkst du denn etwa, d____ mir d____ dauernde Schimpfen Spaß macht? Ganz bestimmt nicht!"

3 Rechtschreibregeln zur Dehnung

Es gibt viele lang gesprochene Vokale ohne Kennzeichnung, wie z. B. in den Wörtern wir, Anlage, Bär oder Größe. Mit **-ie, -h** oder **Vokalverdopplung** schreibt man meist **lang gesprochene, betonte Vokale**. Um im Zweifel richtig zu entscheiden, arbeite am besten mit Lernwörterlisten oder Reimwörtern.

Merke dir!
- **gesprochene Dehnung ohne Kennzeichnung** findest du in Wörtern wie:
  prima, Bibel, lila, Kino, Nische, Klima, China, Kilo, Benzin, Medizin, Reptil, Notiz, Souvenir, Vampir, Infinitiv, Termin, Augenlid, Mandarine, Maschine, Stil.
  Du solltest sie als Merk- oder Lernwörter aufnehmen.

- **Dehnung mit -ie-**
  Wörter mit einem **lang gesprochenen i** schreibt man meistens mit ie.
  Oft steht das -ie am Wortende. Viele Wörter enden auch auf -ieren:
  telefonieren, marschieren, halbieren, Chemie, Magie, Energie, Dieb.

- **Dehnung mit -h-**
  Manchmal steht hinter einem **lang gesprochenen Vokal** ein -h, das nicht hörbar ist. Das Dehnungs-h steht meist **vor den Konsonanten l, m, n und r**:
  Diebstahl, fehlen, wahrscheinlich, Jahre, dehnen, lehnen, zahm, lahm.

- **Dehnung mit Vokalverdopplung**
  Wörter mit Vokalverdoppelung solltest du in deine Lernwörterliste aufnehmen:
  Moor, Teer, Aal, Kaffee, Schnee, Boot, Zoo, Waage, Haar, leer, Beet.

Kompetenzbereich: Rechtschreibung und Zeichensetzung

Aufgabe 34 Finde die korrekte Schreibweise der folgenden Wörter.

a) Mark____re alle substantiv____rten Verben im Text.

b) Ich bin leider eine N____te in Chem____, dafür gebe ich Garant____ auf meine Biolog____note.

c) Da musst du aber noch ein bisschen intens____ver train____ren.

d) Als ich ihr zum Einschlafen ein L____d singen wollte, hob sie nur ihr Augenl____d.

e) Du solltest dir not____ren, dass Mandar____nen v____le Vitam____ne haben.

f) Modisch gesehen hat sie einen tollen St____l.

g) Müde legte er sich in ein l____res B____tt. Durch das Fenster sah er ein n____dliches Blumenb____t, wo in aller S____lenruhe das V____ graste.

wieder oder wider?

Probleme bereitet oft auch die Unterscheidung zwischen *wieder* und *wider*. Dabei hilft dir folgende Merkregel:

Merke dir!
- Mit **-ie-** bedeutet wieder „**noch einmal**", also eine Wiederholung: A*uf Wiedersehen* (noch einmal sehen), *Wiedereröffnung*, *Wiederkehr*.
- Mit **-i-** bedeutet wider „**gegen**", also etwas dagegenhalten/entgegensetzen: *Widerspruch* (man ist dagegen), *widerborstig*, *widerwillig*, *widerlegbar*.

Aufgabe 35 Entscheide, ob in die Leerstelle *wider* oder *wieder* eingesetzt werden muss.

a) Meine Freundin und ich haben heftigen Streit. Immer muss sie mir w____dersprechen, ich werde nie w____der mit ihr sprechen.

b) Schon w____der wollte sich Nicole ihrer Freundin w____dersetzen.

c) Manche Menschen dulden keinen W____derspruch.

d) Jeder W____derstand war zwecklos, sie erzählte ihre Geschichte ungefragt zum w____derholten Male.

Kompetenzbereich: Rechtschreibung und Zeichensetzung

4 Rechtschreibstrategien anwenden

Nicht immer kann man sich die Schreibweise von Wörtern mithilfe von Rechtschreibregeln herleiten. Viele Fehler kannst du aber vermeiden, indem du deutlich und sauber schreibst, sodass du die Sätze noch einmal durchlesen kannst. Oft ist es sinnvoll, Merkwörterlisten zu führen und folgende Rechtschreibstrategien anzuwenden:

Merke dir!
- **Silben mitschwingen**
  Bei vielen Wörtern kannst du die richtige Schreibweise erschließen, indem du sie **deutlich aussprichst** und in **Silben zerlegst**. Zur Unterstützung kannst du Schwungbögen unter das Wort malen (z. B. *Eis-bär-ba-by, Son-nen-lie-ge*).

- **Wörter ableiten**
  Bei gleich oder **ähnlich klingenden Vokalen** klärt sich die Schreibweise eines Wortes oft, wenn du dir **Wortverwandte** anschaust. Die Schreibung bleibt nämlich innerhalb einer Wortfamilie meist gleich.
  (Zäune kommt von Zaun, Gräser von Gras, Geräusch von rauschen)

- **Wörter verlängern**
  Am Wort- oder Silbenende klingen die Laute der Konsonanten **b** und **p**, **d** und **t**, **g** und **k** häufig gleich. Hier hilft dir das Verlängern:
  Bilde den Plural oder den Infinitiv eines Wortes, sodass die fragliche Stelle **deutlicher hörbar** ist. Bei Adjektiven hilft es, wenn du sie steigerst.
  (Hand → Hände, Wirt → Wirte, reibt → reiben, Pfennig → Pfennige)

Aufgabe 36 Ergänze mithilfe der Rechtschreibstrategien die korrekte Schreibweise der folgenden Wörter. Leite ab/verlängere die Wörter und fülle dann die Lücken.

a) Sie kam g___nzlich unschuldi___ ins Gef___ngni___.

b) Unter großem Gel___chter mussten sie durch die Schülerm___nge gehen.

c) Die meisten L___ute waren recht freundli___ zu ihr.

d) Mir wir___ bei deinem Geschw___tz gleich ganz schlecht, sagte er geh___ssig.

e) Sie trocknete ihre nassen H___nde mit einem kuscheli___en Han___tuch.

5 Nachschlagewerke nutzen

Die Stichwörter in einem Wörterbuch sind **nach dem Alphabet geordnet**. Du musst bei der Suche nach einem Wort immer bei der **Grundform** nachschlagen. Dabei erfährst du außer der richtigen Schreibweise meist noch mehr über das betreffende Wort.

Merke dir!

Das Wörterbuch gibt dir Auskunft über …

- die **richtige Schreibweise** oder mögliche Schreibweisen, wenn es zwei gibt: So kann das Anredepronomen *du* groß- oder kleingeschrieben werden.
- die **Silben**, in die das Wort zerlegt werden kann: *Zoologie → Zo/o/lo/gie*.
- die **Bedeutung** des Wortes: *Last/-Mi/nute/-Rei/se (verbilligt angebotene, kurzfristig anzutretende Reise)*.
- die **Aussprache**: *['la:st'minit …]*.
- **sprachliche Wendungen**, in denen das Wort vorkommt: *La/tein; er ist mit seinem Latein am Ende (er weiß nicht mehr weiter)*.
- die **Grammatik**:
  Genus = **Geschlecht** *(das Latein)*,
  Deklination = **Beugung** *(des Lateins)*,
  Konjugation *(gehen, ich gehe, du gehst, er geht, …)*.
- die **Herkunft**: z. B. *engl.= englisch*.

Aufgabe 37

Lies folgenden Wörterbucheintrag durch und beantworte dann die Fragen.

a) Aus welcher Sprache stammt das Wort?

_____

> **kur|sie|ren** <lat.>
> (umlaufen, im Umlauf sein); kursierende Gerüchte

b) In wie viele Silben kann es zerlegt werden?

_____

c) Welche sprachliche Wendung für das Wort wird hier aufgeführt und was bedeutet sie?

_____
_____
_____
_____

6 Zeichensetzung

Die Verwendung von Satzschlusszeichen ist für dich sicher kein Problem. Aussagesätze enden mit einem Punkt, Aufforderungs- und Ausrufesätze mit einem Ausrufezeichen und Fragen mit einem Fragezeichen. Etwas schwieriger wird es allerdings bei der Kommasetzung.

Merke dir! Ein Komma steht …

- zwischen **Aufzählungen** gleichartiger Satzglieder, wenn diese nicht durch *und* bzw. *oder* verbunden sind:
  *Der Herbstwind pfiff laut(,) heulte durchdringend(,) brüllte und gurgelte. /
  Er kaufte Tomaten(,) Gurken(,) Eier und Milch.*

- vor **Konjunktionen** *(dass, aber, sondern, doch, jedoch, weil, denn, obwohl)*:
  *Ihr Nachbar war ein grober(,) aber gutmütiger Kerl. /
  Nicht nur die See(,) sondern auch der Himmel war dunkelgrau.*

- nach **Anreden**:
  *Steuermann(,) können Sie den Eisberg erkennen? /
  Lieber Johannes(,) komm bald wieder nach Hause!*

- nach **Ausrufen oder Empfindungswörtern**:
  *Ahoi(,) wir stechen in See! /
  Brr(,) ist das kalt!*

- zur **Abtrennung des Redebegleitsatzes nach der wörtlichen Rede**:
  „Hallo Marvin!"(,) rief Anna schon von Weitem.

- um eine **Apposition** herum:
  *Der Kapitän(,) ein alter Seebär(,) lächelte. /
  Herrn Schmidt(,) ihren früheren Klassenlehrer(,) hatte sie in guter Erinnerung.*

- in **Satzreihen**: Hier werden Hauptsätze durch Kommas getrennt:
  *Er rannte auf die Straße(,) er sah sich um(,) erst dann handelte er. /
  Die Katze kam immer näher(,) sie zögerte kurz(,) sie blieb schließlich stehen.*

- bei **Einschüben**:
  *Du sollst(,) ich sage es dir noch einmal(,) nie gegen den Wind spucken. /
  Man merkt(,) und das geschieht mit großer Sicherheit(,) dass er unsicher ist.*

- zwischen **Satzteilen**, die durch **Konjunktionen** in der Art einer **Aufzählung** verbunden sind, wie *einerseits – andererseits, einesteils – anderenteils, teils – teils, halb – halb, nicht nur – sondern auch, je – desto*:
  *Je stärker der Wind(,) desto schneller die Fahrt. /
  Nicht nur die Schüler(,) sondern auch viele Lehrer freuten sich auf die Ferien.*

Aufgabe 38 Setze im folgenden Brief an den richtigen Stellen Kommas.

Liebe Frau Messer-Klamser

heute möchten sich die Schüler der Realschule Weil der Stadt endlich einmal ganz offiziell bei Ihnen bedanken. Wir alle sind froh dass wir eine so nette Sekretärin haben. Sicher ist es im Sekretariat oft sehr stressig weil dauernd jemand etwas anderes braucht oder will. Nicht nur die Lehrer sondern auch wir Schüler haben es immer ganz eilig es muss schnell gehen wir denken unser Anliegen ist das wichtigste. Danke dass Sie dabei immer freundlich geduldig und verständnisvoll bleiben. Auch wenn dauernd etwas Unvorhergesehenes passiert der Kopierer kaputtgeht einem Kind schlecht wird oder ein Schüler nicht weiß wo sein Unterricht stattfindet behalten Sie immer einen kühlen Kopf.

Danke wir wissen Ihren Einsatz und Ihre Unterstützung sehr zu schätzen.

Es grüßen die Vertreter der SMV

Lösungsvorschläge

Aufgabe 1   **Joseph von Eichendorff (1788–1857)**
Mondnacht

1	Es war, als hätt' der Himmel	a
	Die Erde still geküsst,	b
	Dass sie im Blütenschimmer	a
	Von ihm nun träumen müsst.	b
5	Die Luft ging durch die Felder,	c
	Die Ähren wogten sacht,	d
	Es rauschten leis' die Wälder,	c
	So sternklar war die Nacht.	d
	Und meine Seele spannte	e
10	Weit ihre Flügel aus,	f
	Flog durch die stillen Lande,	e
	Als flöge sie nach Haus.	f

Zeilen 1–4: } Kreuzreim

Quelle: Joseph von Eichendorff: Werke und Schriften. Neue Gesamtausgabe in vier Bänden. Hrsg. von Gerhard Baumann i. Verb. m. Siegfried Grosse. Bd. 1: Gedichte. Epen. Dramen. Stuttgart: Cotta 1957, S. 306

Aufgabe 2   *Die Erde müsste vom Himmel träumen (V. 4).*
Die Luft ging durch die Felder (V. 5).
Meine Seele spannte ihre Flügel weit aus (V. 9/10).
Sie (= die Seele) flog durch die stillen Lande (V. 11).

Aufgabe 3   *Hinweis: In diesem Lösungsvorschlag findest du folgende Kennzeichnungen:*
Personen = unterstrichen
Orte, Naturerscheinungen und Bauwerke = fett
Fantastisches/Übernatürliches = kursiv

Die Teufelswette

1 Als in **Köln** der alte **Dom** durch einen herrlicheren ersetzt werden sollte, wurde Meister Gerhard von Ryle, der in **Frankreich** die Baukunst der **Kathedralen** studiert hatte, beauftragt, innerhalb eines Jahres einen Bauplan vorzulegen. Gutgelaunt ging er ans Werk, doch so oft er sich sicher war, nunmehr einen durch-
5 führbaren Plan gefunden zu haben, taten sich neue Probleme auf. Schließlich verzweifelte er. Eines Tages, als er auf der anderen **Rheinseite** spazieren ging, schlief er über all seinen Sorgen an einem großen Felsbrocken, der unter den Bürgern nur der „**Teufelsstein**" genannt wurde, ein.
    Als Meister Gerhard erwachte, stand vor ihm *ein Fremder*, der gekleidet war
10 wie die französischen Bauleute. *Der Fremde* begann mit einem Stock die Linien eines Baurisses in den Sand zu zeichnen, in dem Gerhard unschwer den vollendeten Bauplan zum Dom erkannte. Erstaunt fragte Gerhard *den Fremden*, was er ihm für diesen Plan bezahlen müsse. Die Antwort lautete: *„Ich will Dich und wenn du Frau und Kind noch hinzufügst, helfe ich dir, diesen Bau in drei Jahren*
15 *zu errichten. Wenn ich aber den Bau beim ersten Hahnenschrei am Ende der*

letzten Nacht nicht vollendet habe, seid ihr frei." Nicht einmal der Teufel kann ein so gewaltiges Bauwerk innerhalb dieser Frist errichten, dachte Meister Gerhard *und ging den Pakt ein.*

20 Die Arbeit an der Dombaustelle schritt in nie da gewesener Weise voran. Bei Tag und Nacht erklang der Baulärm, doch der Dombaumeister wurde immer wunderlicher. Schon bald munkelte man, es ginge auf der Baustelle nicht mit rechten Dingen zu. Dies hörte auch die Frau des Dombaumeisters. Auf ihre bange Frage, was an den Gerüchten wahr sei, berichtete Meister Gerhard ihr von dem *unheilvollen Pakt.* Verzweifelt suchte die Frau nach einem Ausweg.

25 Als sie eines Tages mit ihrem Sohn zum Markt ging, wies das Kind auf einen prächtigen Hahn und versuchte dessen Schrei nachzuahmen. Überglücklich schloss die kluge Frau das Kind in die Arme, denn der Ausweg aus der verzweifelten Lage war gefunden. *Fortan übte sie zu Hause so lange den Hahnenschrei bis ihr die Hähne aus der ganzen Nachbarschaft antworteten.*

30 Die letzte Nacht des dritten Jahres war angebrochen, da betete die Frau des Dombaumeisters zu Gott um Errettung und mit dem ersten Morgengrauen, als gerade die letzte Turmspitze zum **Dom** emporgezogen wurde, stieß sie ihren Hahnenschrei aus *und von allen Seiten antworteten laut die Hähne der Nachbarschaft. Mit ungeheurem Getöse fiel der Dom in sich zusammen. Der Baumeister*
35 *und seine Familie aber waren gerettet.*

Der **Dom** jedoch wurde erst Jahrhunderte später vollendet.
Quelle: www.dom-fuer-kinder.de. Stand: 15. 05. 2008 (leicht verändert)

Aufgabe 4

Der Text spielt an einem Ort (Köln), den es wirklich gibt (Ortssage), und auch den Kölner Dom gibt es wirklich. Märchen machen dagegen keine genauen Ortsangaben. Auch einen Dombaumeister muss es gegeben haben.
Mit der Sage wurde begründet, weshalb der Dom erst so lange nach Baubeginn fertiggestellt wurde. Durch Sagen erklärten sich die Menschen früher nämlich für sie unerklärliche oder merkwürdige Erscheinungen.

Aufgabe 5

(1.) **Ort und Zeit** der Märchenhandlung sind **nicht festgelegt**.
Märchen beginnen oft mit unbestimmten Angaben wie „*Es war einmal*", „*Vor langer Zeit*" oder „*In einem Königreich*" und enden mit dem Satz „*Und wenn sie nicht gestorben sind, dann leben sie noch heute.*"

(2.) Märchen haben ein **glückliches Ende**
(z. B. Hochzeit, Reichtum oder Übernahme einer Herrschaft).
Die Guten werden belohnt/machen ihr Glück, die Bösen werden bestraft.

(3.) In Märchen gibt es häufig **fantastische Ereignisse** und
wundersame Dinge mitten im Alltag, z. B.:
– Fabelwesen (Drachen, Hexen, Zwerge, Riesen und Teufel)
– sprechende Tiere, Pflanzen, Dinge
– wunderbare Hilfsmittel: Topf, Zauberlampe

(4.) Oft muss **sich ein Mensch bewähren**, geht auf Wanderung,
muss schwierige Aufgaben lösen oder sucht sein Glück.

(5.) Häufig kommen **typische Figuren** wie schöne Prinzen und
Prinzessinnen, alte oder todkranke Könige und böse Stiefeltern vor.

Lösungsvorschläge

(6.) **Magische Zahlen** (3, 7, 12) spielen oft eine Rolle:
Es gibt 3 Aufgaben, 3 Wünsche, 3 Kinder, …
Beispiele: Die sieben Raben / Schneewittchen und die sieben Zwerge / Der Wolf und die sieben Geißlein / Der Teufel mit den drei goldenen Haaren

(7.) Oft gibt es in Märchen **Gegensätze**:
schön und arm ↔ hässlich und reich / arm und freigebig ↔ reich und geizig / dumm ↔ schlau / faul ↔ fleißig

Die Wassernixe – ein Märchen der Gebrüder Grimm

|1| 1 Ein Brüderchen und ein Schwesterchen spielten einmal an einem Brunnen, und wie sie so spielten, plumpsten sie beide hinein.

|3| Da war unten eine **Wassernixe**, die sprach: „Jetzt habe ich euch, jetzt sollt ihr mir brav arbeiten", und führte sie mit sich fort. Dem Mädchen gab sie verwirrten
|4| 5 garstigen Flachs zu spinnen, und es musste Wasser in ein hohles Fass schleppen, der Junge aber sollte einen Baum mit einer stumpfen Axt hauen, und nichts zu essen bekamen sie als steinharte Klöße.

Da wurden zuletzt die Kinder so ungeduldig, dass sie warteten, bis eines Sonntags die Nixe in der Kirche war und entflohen. Und als die Kirche vorbei
10 war, sah die Nixe, dass die Vögel ausgeflogen waren, und setzte ihnen mit großen Sprüngen nach. Die Kinder erblickten sie aber von Weitem, und das Mäd-
|3| chen warf eine **Bürste** hinter sich, **das gab einen großen Bürstenberg mit tausend und tausend Stacheln**, über den die Nixe mit großer Müh klettern musste; endlich aber kam sie doch hinüber. Wie das die Kinder sahen, warf der Knabe
|3| 15 einen **Kamm** hinter sich, **das gab einen großen Kammberg mit tausendmal tausend Zinken**, aber die Nixe wusste sich daran festzuhalten und kam zuletzt doch drüber.

|6/3| Da warf das Mädchen einen **Spiegel** hinterwärts, **welches einen Spiegelberg gab**, der war so glatt, so glatt, dass sie unmöglich darüber konnte. Da dachte sie:
20 „Ich will geschwind nach Haus gehen und meine Axt holen und den Spiegelberg entzwei hauen." Bis sie aber wiederkam und das Glas aufgehauen hatte, waren
|2| die Kinder längst weit entflohen, und die Wassernixe musste sich wieder in ihren Brunnen trollen.
Quelle: www.grimmstories.com, Stand: 20. 05. 2008 (leicht verändert)

Hinweis: Die magische Zahl 3 (Merkmal 6) findest du in den drei Versuchen der Geschwister, die Nixe abzuschütteln (Bürste, Kamm, Spiegel). Bei diesen Versuchen geschehen außerdem stets fantastische Dinge (Merkmal 3).

Aufgabe 6
Wie bei „Frau Holle" spielt in diesem Märchen ein Brunnen eine Rolle, in den Kinder hineinfallen und durch den sie in eine andere Welt geraten. Außerdem werden sie zu harter Arbeit gezwungen. Die zwei Kinder geraten in die Fänge einer bösen Frau, wie z. B. bei „Hänsel und Gretel", und müssen drei „Aufgaben" oder Fluchtversuche bewältigen, um ihr zu entkommen.

Aufgabe 7
Einer der Frösche ist pessimistisch (= schwarzseherisch) und gibt kampflos auf. Der andere besitzt Kampfgeist und lässt sich nicht unterkriegen.

Lösungsvorschläge

Aufgabe 8 *Nur wer nicht aufgibt, kann am Ende gewinnen. / Ausdauer macht sich am Ende bezahlt. / Nur wer sich selbst hilft, dem wird geholfen.*

Aufgabe 9

Wie werden Tiere für Film und Fernsehen trainiert?

1 Für bestimmte Filmszenen werden bei <u>Fernsehen und Film Tiere</u> benötigt. Sie werden (…) ganz gezielt auf ihre Rolle <u>vorbereitet</u>. Dafür sind <u>spezielle Trainer</u> zuständig, die sich in der Regel von klein auf mit den Tieren beschäftigen. (…) — *Tiere bei Film und Fernsehen*

5 Bei jedem Filmtier ist auch der Trainer beim Dreh dabei. Dieser muss sich nicht nur mit Tieren und ihren Eigenheiten, sondern eben auch mit Filmtechniken auskennen. Jeder Trainer entwickelt sehr <u>persönliche Methoden</u>, wie er die Tiere trainiert; diese hängen natürlich auch vom jeweiligen Tier
10 und seinem Charakter ab. — *Trainer von Filmtieren*

Casting auch bei Tieren

Wie bei den menschlichen gibt es auch bei tierischen Darstellern <u>Castings</u> (…). Als ein neuer „Kommissar Rex" gesucht wurde, meldeten sich 300 Hundehalter, und 15 Hunde
15 wurden schließlich einem <u>Eignungstest</u> unterzogen. — *Castings von Tieren*

Außer auf <u>normale Befehle</u> müssen die Tiere vor der Kamera vor allem <u>auf Befehle reagieren, die der Tiertrainer aus der Entfernung und nur per Hand</u> gibt – schließlich kann er nicht ständig im Bild auftauchen und seine Befehle dürfen auch
20 nicht mit auf die Tonspur. — *was Tiere können müssen*

Schwierig (…) ist, dass sich [viele gut trainierte Hunde] nur von ihrem Herrchen befehlen lassen. Doch im Film müssen sie eben auch auf <u>Zeichen ihrer Mitspieler</u> reagieren. Ein Tier bekommt also nur eine Rolle, wenn es sich an seine
25 zweibeinigen Mitspieler gewöhnen kann. Nur wenn ein Tier Vertrauen hat, wird es „mitspielen". — *Schwierigkeiten beim Drehen*

Es geht nur ohne Druck

Alle Situationen müssen <u>spielerisch</u> und ohne Druck, aber sehr gezielt <u>geübt</u> werden. Der Hund oder die Katze muss
30 genau wissen, was von ihm/ihr verlangt wird. Wenn das Ganze aber nicht spielerisch abläuft, macht es dem Tier sicher keinen Spaß, eine Szene zum zehnten Mal zu wiederholen. — *spielerisches Üben*

Die <u>Regeln und Normen</u> für die Arbeit mit Tieren auf einem Set sind relativ <u>streng</u> und werden auch <u>kontrolliert</u>.
35 So soll verhindert werden, dass Tiere auf dem Set misshandelt werden. — *strenge Regeln*

Ein Beispiel für Tier-Stars: der Schimpanse Charly aus „Unser Charly"

Die Rolle des Charly teilen sich <u>drei Schimpansen</u>, die ab-
40 wechselnd eingesetzt werden: Charly, Baxter und Kirby. So muss ein Affe nicht alles können. Jeder der drei hat seine <u>Spezialitäten</u> an Szenen und einen eigenen Kopf. Kirby ist zum Beispiel die Beste, wenn es um Szenen mit anderen Tieren geht. Kirby klettert auch meistens, während Charly
45 auf dem Boden zu Hause ist. Mit auf dem Set sind auch die drei Trainer, die die Affen großgezogen haben. Sie haben ihnen beigebracht, was ein schauspielernder Affe so braucht. — *drei „Charlys"*

Lösungsvorschläge

  Erst lernen die Affen <u>einfache Befehle</u> wie Aufstehen oder Kopfnicken und Hinlegen. Dann werden einzelne Be-
50 fehle <u>kombiniert</u> und so kommen ganze <u>Abläufe</u> zustande. Nach jeder gelungenen Aktion gibt es ein Lob. Und so lernen die Affen immer mehr – z. B. von Anfang an, mit wechselnden Menschen und Umgebungen umzugehen. Dann ist die Drehortsitutation nichts Besonderes für die Tiere.

} *wie die Affen lernen*

Quelle: www.wasistwas.de, Stand: 18. 05. 2008 (leicht verändert)

<u>Behandeltes Thema</u>: Training von Tieren für Filmdreh, Vorgehen beim Dreh
<u>Unterthemen</u>: Trainer, Auswahl der Tiere durch Castings, Vorgehen beim Drehen mit Tieren, „Unser Charly" als Beispiel
<u>Hauptaussagen</u>: Tiere werden durch spezielle Trainer auf ihre Rolle im Film vorbereitet. / Auch Tiere werden oft in Castings ausgewählt – wichtig ist, dass sie nicht nur auf ihre Trainer oder Herrchen reagieren, sondern auch auf Mitspieler. / Es gibt Vorschriften für die Arbeit mit Tieren, damit sie nicht misshandelt werden. / Bei „Unser Charly" teilen sich drei Schimpansen die Rolle des Charly. Jeder von ihnen hat andere Stärken und wird entsprechend eingesetzt. / Die Affen haben erst einzelne Teile von Bewegungsabläufen gelernt, die dann aneinandergehängt wurden, sodass ein ganzer Ablauf entstand.
<u>Grafiken oder Tabellen</u> sind nicht vorhanden.
<u>Textsorte</u>: ähnelt einem Lexikonartikel, Informationstext
Der <u>Autor</u> informiert über das Training von Filmtieren und die Arbeit mit Tieren beim Dreh.

Aufgabe 10

a) *Weil die Befehle der Trainer im Film nicht zu hören sein dürfen; die Trainer oder Mitspieler dürfen sie deshalb nicht aussprechen, sondern nur per Handzeichen befehlen.*

b) *Weil die Tiere auch auf Zeichen und Befehle ihrer Mitspieler reagieren sollen, und sie das nur tun, wenn sie Vertrauen zu ihnen haben.*

c) *Weil so nicht ein einziger Affe alles können muss. Die Schimpansen haben unterschiedliche Fähigkeiten und werden entsprechend eingesetzt.*

Aufgabe 11

	richtig	falsch
a) Beim Filmdreh wird auf Tierschutz keinen Wert gelegt.	☐	☒

Es gibt strenge Regeln für die Arbeit mit Tieren, und es wird auch kontrolliert, dass die Tiere nicht misshandelt werden.
(Zeilen 27-29)

	richtig	falsch
b) Beim Lernen von Bewegungsabläufen lernen die Tiere zunächst die einzelnen Teile. (Zeilen 38-40)	☒	☐

Lösungsvorschläge

Aufgabe 12

a) Etwas mehr als die Hälfte der Schüler hat eine besser Note als 2 geschrieben. richtig [X] falsch [ ]

b) Viele Schüler haben die Note 4 oder eine schlechtere Note. richtig [ ] falsch [X]
Es sind nur sehr wenige Schüler mit Note 4 oder schlechter: 3,7%.

Aufgabe 13

a) Im November wurden in der 6 b weniger Hausaufgaben gemacht als im Dezember. richtig [ ] falsch [X]
Es wurden im November mehr Hausaufgaben gemacht als im Dezember.

b) Von Dezember bis Februar wurden immer mehr Hausaufgaben gemacht. richtig [X] falsch [ ]

Aufgabe 14

a) Tobias und Stefan im September:
Tobias hat im September viel mehr Hausaufgaben gemacht als Stefan (fast doppelt so viel). Oder: Stefan hat viel weniger Hausaufgaben gemacht als Tobias.

b) Vera und Stefan im Dezember:
Vera und Stefan haben im Dezember genau gleich viele Hausaufgaben gemacht.

Aufgabe 15

Im September hat Alexander am seltensten die Hausaufgaben gemacht.
Im Oktober hatte Nadja am häufigsten keine Hausaufgaben.
Im November hat wieder Alexander mit Abstand die wenigsten Hausaufgaben gemacht.

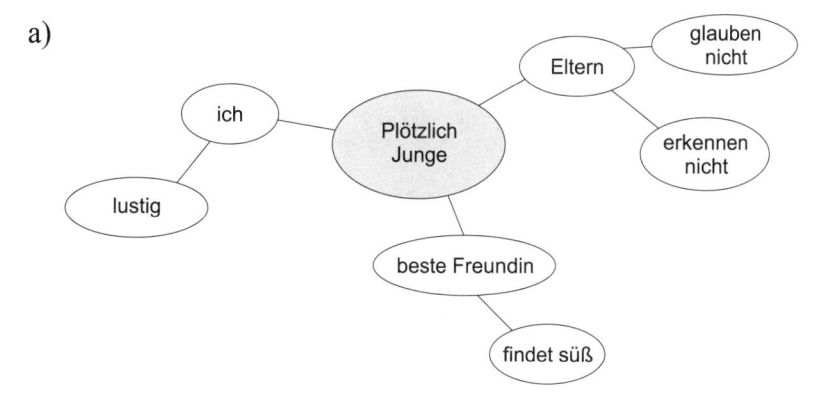

Aufgabe 16 a)

Plötzlich Junge
- ich — lustig
- Eltern — glauben nicht, erkennen nicht
- beste Freundin — findet süß

Lösungsvorschläge

b)

Eisbären

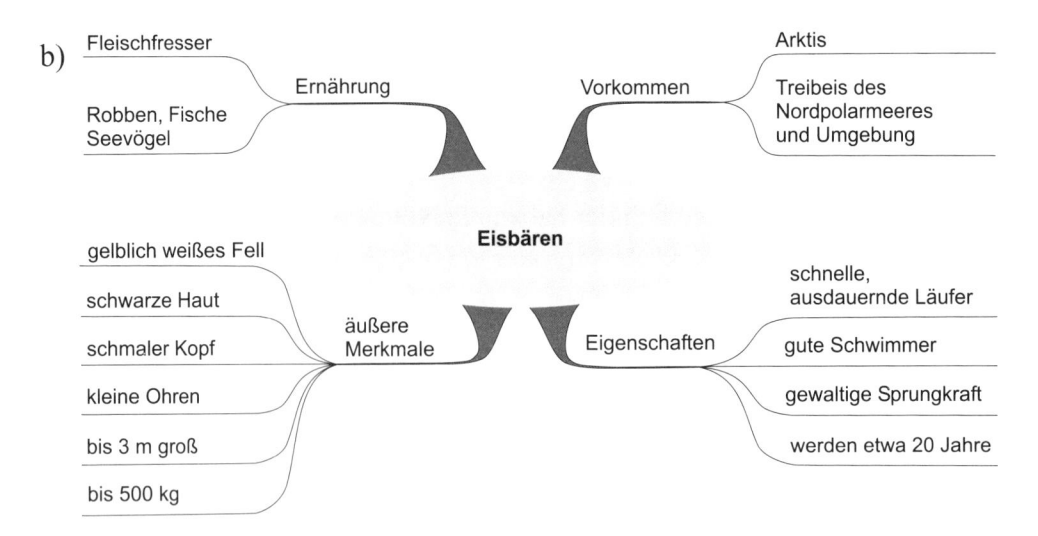

Ernährung
- Fleischfresser
- Robben, Fische, Seevögel

Vorkommen
- Arktis
- Treibeis des Nordpolarmeeres und Umgebung

äußere Merkmale
- gelblich weißes Fell
- schwarze Haut
- schmaler Kopf
- kleine Ohren
- bis 3 m groß
- bis 500 kg

Eigenschaften
- schnelle, ausdauernde Läufer
- gute Schwimmer
- gewaltige Sprungkraft
- werden etwa 20 Jahre

Aufgabe 17

Die Grillparty der Klasse 6 b

1   Die Klasse 6 b plant, eine Grillparty zu veranstalten, zu der die Schülerinnen und Schüler auch ihre Eltern einladen wollen. Johannes schlägt vor, die Party am Donnerstag, den 9. 6., steigen zu lassen, doch einige Schüler sind dagegen, weil sie am nächsten Tag zur Schule müssen. Deshalb einigen sie sich darauf, das
5   Fest einen Tag später, am Freitag, den 10. 6., zu feiern. Um 17 Uhr soll es losgehen.
    Zum Glück haben die Eltern von Sandra Kindlein einen großen Garten, wo so viele Gäste Platz haben. Sie sind einverstanden, dass bei ihnen, in der Schillerstraße 12 in Ludwigsburg, gefeiert wird.
10 Für das Grillfest soll jeder für sich selbst Getränke, Fleisch und Brot mitbringen. Außerdem sollten einige Familien einen Salat oder Kuchen beisteuern. Für Geschirr und Gläser ist aber gesorgt. Als Programm wollen sich die Schülerinnen und Schüler einige lustige Spiele überlegen. Da Familie Kindlein wissen möchte, mit wie vielen Personen sie rechnen muss, soll die Einladung
15 einen Rückmeldebogen enthalten.
    Jeder Schüler soll als Hausaufgabe eine Einladung zum Grillfest entwerfen.

Checkliste

a) Inhalt

Wer schreibt den Brief/die Einladung?	*die Klasse 6 b*
An wen richtet sich der Brief?	*an die Eltern*
Name des Absenders?	*Klasse 6 b*
Name und Adresse des Adressanten	*an die Eltern der Schüler aus der 6 b*
Anlass des Briefes/der Einladung	*Grillparty/Klassengrillparty*
Datum der Feier	*Freitag, den 10. 6.*
Ort der Veranstaltung	*Garten der Familie Kindlein, Schillerstraße 12 in Ludwigsburg*
Datum des Briefes	*muss selbst sinnvoll ausgedacht werden, z. B. 1. 6.*

Lösungsvorschläge

Ort (neben dem Datum)	*muss selbst ausgedacht werden, z. B. eigener Schulort*
Uhrzeit Beginn und Ende	*Beginn: 17 Uhr, Ende muss hier nicht genannt werden, kann aber ausgedacht werden, z. B. 21 Uhr.*
Muss etwas mitgebracht werden?	*jeder für sich selbst Getränke, Fleisch und Brot, einige Salate oder Kuchen*

b) *Hinweis: Der Einladungstext kann sich sowohl in der persönlichen (in du-/Du-Form bzw. ihr-/Ihr-Form) als auch höflichen (Sie-Form) Anrede an die Eltern richten.*

Ort/Datum	*Ludwigsburg, 1. 6. 2009*
Leerzeile	
Anrede	*Liebe Eltern der Klasse 6 b,*
Leerzeile	

zu unserer gemeinsamen Klassengrillparty möchten wir euch ganz herzlich einladen.
Gegrillt wird am 10. 6. ab 17 Uhr im Garten der Familie Kindlein in der Schillerstraße 12 in Ludwigsburg. Es wäre toll, wenn alle, die kommen, ihre Getränke, ihr Fleisch und Brot selbst mitbringen würden. Super wäre außerdem, wenn einige Familien zusätzlich einen Salat oder einen Kuchen beisteuern könnten. Für Geschirr und Gläser ist gesorgt. Auf alle Gäste wartet ein lustiges Programm. Wir hoffen auf viele Zusagen, gute Stimmung und natürlich tolles Wetter! Bitte füllt den Abschnitt unten aus, damit wir wissen, für wie viele Personen wir Sitzplätze, Gläser und Geschirr benötigen.

Grußformel	*Auf euer Kommen freuen sich*
Leerzeile	
Unterschrift	*die Schüler der Klasse 6 b*

☐ *Ja, wir nehmen mit _____ Personen an der Klassengrillparty teil.*
☐ *Nein, wir können leider nicht teilnehmen.*
☐ *Wir steuern einen Kuchen bei.*
☐ *Wir steuern einen Salat bei.*
Name der teilnehmenden Familie: _____

Lösungsvorschläge

Aufgabe 18 *Hinweis: Im Folgenden findest du die zwei fehlenden Passagen aus dem Originaltext.*

1. Und wie er so saß, *kam der Ameisenkönig, dem er einmal das Leben gerettet hatte, mit fünftausend Ameisen, und es dauerte gar nicht lange, so hatten die kleinen Tiere die Perlen gemeinsam gefunden und auf einen Haufen getragen.*

2. Die zweite Aufgabe aber war, den Schlüssel zu der Schlafkammer der Königstochter aus dem See zu holen. Als der Dummling zum See kam, *schwammen die Enten, die er einmal gerettet hatte, heran, tauchten unter und holten den Schlüssel aus der Tiefe.*

Quelle: www.grimmstories.com, Stand: 20. 05. 2008 (leicht verändert)

Aufgabe 19 *Apfeltaschen*

Man benötigt folgende Zutaten: 250 g Mehl, 1 Päckchen Backpulver, ½ Teelöffel Salz, 200 g Margarine, 250 g Quark, 6-8 Äpfel, Rosinen, Zucker, Zimt, Puderzucker.

Für den Teig vermischt man Mehl, Backpulver, Salz, Margarine und Quark und rührt, bis ein glatter Teil entsteht. Den fertigen Teig stellt man dann im Kühlschrank oder im Keller kalt.

Anschließend schält man für die Füllung zunächst die Äpfel und schneidet sie in kleine Würfel. Diese dämpft man mit etwas Rosinen, Zucker und Zimt in einer Pfanne kurz an.

Wenn die Füllung fertig ist, wellt man den gekühlten Teig aus und schneidet ihn in etwa 8 cm große Quadrate. Auf jedes dieser Quadrate gibt man ein wenig Füllung und legt es dann zu einem Dreieck zusammen. Wichtig ist, dass man die Ränder der Dreiecke gut andrückt, damit die Taschen beim Backen nicht aufgehen.

Die Apfeltaschen legt man nun auf ein mit Backpapier ausgelegtes Blech. Sie werden bei 175 Grad etwa 20 Minuten gebacken.

Zum Schluss bestreut man die Apfeltaschen mit Puderzucker.

Aufgabe 20 **Bastelanleitung für einen Stifthalter**

Zunächst stellt man die Pabprollen dicht aneinander. Je mehr Pabprollen man nimmt, desto stabiler wird der stifthalter. Dann hefte ich sie mit einem Hefter zusammen, sodass die Rollen gut miteinander befestigt sind. Man heftet sie oben und unten zusammen. Dann wird der Boden des Stifthalters angefertigt. Dazu	*Material nicht genannt.* *R. Stifthalter* *Wechsel man – ich* *Reihenfolge* *Wortwiederholung: „dann"* *Zeit!*

58

Lösungsvorschläge

habe ich die Rollen auf die Pappe gestellt	*Zeit, Wiederholung „dann"*
und dann die Form auf der Pappe	
nachgezeichnet und dann ausgeschnitten.	*Wiederholungen „dann"*
Dann ist das Stück Pappe genauso gross	*R. groß*
wie die Grundfläche der Rollen. Dann	*Wiederholung „dann"; evtl.*
klebt man die Rollen mit dem Klebeband	*besser: befestigen?*
auf die Pappe, so wird der Boden	*„Pappboden" statt „Pappe"*
angefertigt. Zum Schluß kann man den	*steht oben schon! R. Schluss*
Stiftehalter noch dekorieren, indem man	
ihn z. B. mit buntem Papier und	
ausgeschnittenen Blumen beklebt. Ich	*unwichtig/unpassend*
habe dafür grünes Papier genommen.	*„man kann" statt „ich habe"*

Bastelanleitung für einen Stiftehalter

Man benötigt mehrere Papprollen (z. B. von Toilettenpapier), Pappe, einen Hefter, Klebeband, einen Bleistift, eine Schere und buntes Papier und Klebstoff zum Dekorieren.

Zunächst stellt man die Papprollen dicht aneinander. Je mehr Papprollen man nimmt, desto stabiler wird der Stifthalter.

Dann heftet man sie mit einem Hefter oben und unten zusammen, sodass die Rollen gut aneinander befestigt sind.

Danach wird der Boden des Stifthalters angefertigt. Dazu stellt man die Rollen auf die Pappe, zeichnet die Form nach und schneidet sie aus. So ist das Stück Pappe genauso groß wie die Grundfläche der Rollen.

Nun befestigt man die Rollen mit dem Klebeband auf dem Pappboden.

Zum Schluss kann man den Stiftehalter noch dekorieren, indem man ihn z. B. mit buntem Papier und ausgeschnittenen Blumen beklebt.

Aufgabe 21

menschlichen:	*Adjektiv*
tierischen:	*Adjektiv*
ein:	*Artikel*
Rex:	*Name*
einem:	*Artikel*
Eignungstest:	*Nomen*
unterzogen:	*Verb*
der:	*Artikel*
Entfernung:	*Nomen*
er:	*Personalpronomen*
seine:	*Possessivpronomen*

Lösungsvorschläge

Aufgabe 22

Präsens	Präteritum	Perfekt	Plusquamperfekt	Futur
ich sage	ich sagte	*ich habe gesagt*	*ich hatte gesagt*	*ich werde sagen*
du rufst	du riefst	*du hast gerufen*	*du hattest gerufen*	*du wirst rufen*
wir laufen	*wir liefen*	wir sind gelaufen	*wir waren gelaufen*	*wir werden laufen*
er sieht	er sah	er hat gesehen	er hatte gesehen	*er wird sehen*
ihr lest	*ihr last*	*ihr habt gelesen*	*ihr hattet gelesen*	ihr werdet lesen

Aufgabe 23 *Die Rolle des Charly teilten sich drei Schimpansen, die abwechselnd eingesetzt wurden: So musste ein Affe nicht alles können. Jeder der drei hatte seine Spezialitäten an Szenen und einen eigenen Kopf. Kirby war zum Beispiel die Beste, wenn es um Szenen mit anderen Tieren ging.*

Aufgabe 24 Gestern Abend | sah | ich | im Park | einen Hund.

Beispiele für die Umstellprobe:
Gestern Abend im Park sah ich einen Hund.
Ich sah gestern Abend im Park einen Hund.
Einen Hund sah ich gestern Abend im Park.

Aufgabe 25

Das Mädchen | geht | am Morgen | in die Schule.
Subjekt   *Prädikat*   *Temporaladverbial*   *Lokaladverbial*

Gestern Abend | sah | ich | im Park | einen Hund.
Temporaladverbial   *Prädikat*   *Subjekt*   *Lokaladverbial*   *Akkusativobjekt*

Aufgabe 26

Seit Wochen | schlafe | ich | wegen der (großen) Hitze | schlecht.
Temporaladverbial   *Prädikat*   *Subjekt*   *Kausaladverbial*   *Modaladverbial*

Beispiele für die Umstellprobe:
Wegen der großen Hitze schlafe ich seit Wochen schlecht.
Ich schlafe wegen der großen Hitze seit Wochen schlecht.

Aufgabe 27 *Fragesatz: Gehst du jeden Tag in die Schule?*
Aufforderungssatz: Geh jeden Tag in die Schule!

Aufgabe 28
a) *Satzreihe*
b) *Satzreihe*
c) *Satzgefüge*
d) *Satzgefüge*

Lösungsvorschläge

Aufgabe 29
a) *Ich gehe gerne in die Schule, obwohl/auch wenn/weil man dort viel lernen muss.*
b) *Ich singe jeden Tag, damit/auf dass ich später ein berühmter Sänger werde.*
c) *Er hat sein Essen bezahlt, bevor er das Restaurant verlassen hat.*

Aufgabe 30
a) *schreien, brüllen, wispern, flüstern, säuseln, zischen, sprechen, reden*
b) *Nomen: Spaziergang, Ausgang, Eingang*
Verben: weggehen, eingehen, ausgehen
Adjektiv: begehbar, gängig

Aufgabe 31
a) *Für viele Schüler gibt es kaum etwas Schlimmeres als viele Hausaufgaben an sonnigen Tagen.*
b) *Liebe Feriengäste, bitte denken Sie beim Verlassen des Strands auch ans Aufräumen Ihres Mülls.*
c) *Über seine Verwandtschaft gab es immer viel Spannendes zu erzählen.*
d) *Durch stetes Üben der Vokabeln könnte er problemlos sein Schulenglisch verbessern.*
e) *Stadtkatzen sind oft ziemlich wasserscheu.*

Aufgabe 32
Die sü**ß**e Sandra besa**ß** mehrere Leidenschaften. Sie a**ß** gerne Schokolade und Ei**s**, spielte au**ß**erordentlich gerne Fu**ß**ball und hoffte, da**ss** sie eines Tages in die Nationalmannschaft aufgenommen würde. Viele aus ihrer Kla**ss**e la**s**en gerne Comics, aber da**s** war nichts für sie. Lieber geno**ss** sie draußen im Garten die hei**ß**e Sommerluft und bi**ss** genü**ss**lich in ein Stück Wa**ss**ermelone.

Aufgabe 33
Meine Mutter: „Wie oft habe ich dir schon gesagt, *dass* du deine Pullover in *das* untere Fach im Schrank räumen sollst? Ich weiß genau, *dass das* Chaos nicht der Hund verursacht hat. So geht *das* nicht weiter, *das* kannst du mir glauben. Denkst du denn etwa, *dass* mir *das* dauernde Schimpfen Spaß macht? Ganz bestimmt nicht!"

Aufgabe 34
a) Mark*ie*re alle substantiv*ie*rten Verben im Text.
b) Ich bin leider eine N*ie*te in Chem*ie*, dafür gebe ich Garant*ie* auf meine Biolog*ie*note.
c) Da musst du aber noch ein bisschen intens*i*ver train*ie*ren.
d) Als ich ihr zum Einschlafen ein L*ie*d singen wollte, hob sie nur ihr Augenl*i*d.
e) Du solltest dir not*ie*ren, dass Mandar*i*nen v*ie*le Vitam*i*ne haben.
f) Modisch gesehen hat sie einen tollen St*i*l.
g) Müde legte er sich in ein l*ee*res B*e*tt. Durch das Fenster sah er ein n*ie*dliches Blumenb*ee*t, wo in aller S*ee*lenruhe das V*ieh* graste.

Lösungsvorschläge

Aufgabe 35
a) Meine Freundin und ich haben heftigen Streit. Immer muss sie mir w*i*dersprechen, ich werde nie w*ie*der mit ihr sprechen.
b) Schon w*ie*der wollte sich Nicole ihrer Freundin w*i*dersetzen.
c) Manche Menschen dulden keinen W*i*derspruch.
d) Jeder W*i*derstand war zwecklos, sie erzählte ihre Geschichte ungefragt zum w*ie*derholten Male.

Aufgabe 36
a) Sie kam g*ä*nzlich unschuldi*g* ins Gefän*g*ni*s*.
b) Unter großem Gel*ä*chter mussten sie durch die Schülerm*e*nge gehen.
c) Die meisten L*eu*te waren recht freundli*ch* zu ihr.
d) Mir wir*d* bei deinem Geschw*ä*tz gleich ganz schlecht, sagte er geh*ä*ssig.
e) Sie trocknete ihre nassen H*ä*n*d*e mit einem kuscheli*g*en Han*d*tuch.

Aufgabe 37
a) *aus dem Lateinischen*
b) *in drei*
c) *kursierende Gerüchte = Gerüchte, die im Umlauf sind*

Aufgabe 38
Liebe Frau Messer-Klamser(,)
heute möchten sich die Schüler der Realschule Weil der Stadt endlich einmal ganz offiziell bei Ihnen bedanken. Wir alle sind froh(,) dass wir eine so nette Sekretärin haben. Sicher ist es im Sekretariat oft sehr stressig(,) weil dauernd jemand etwas anderes braucht oder will. Nicht nur die Lehrer(,) sondern auch wir Schüler haben es immer ganz eilig(,) es muss schnell gehen(,) wir denken(,) unser Anliegen ist das wichtigste. Danke(,) dass Sie dabei immer freundlich(,) geduldig und verständnisvoll bleiben. Obwohl dauernd etwas Unvorhergesehenes passiert(,) der Kopierer kaputt geht(,) einem Kind schlecht wird oder ein Schüler nicht weiß(,) wo sein Unterricht stattfindet(,) behalten Sie immer einen kühlen Kopf.
Danke(,) wir wissen Ihren Einsatz und Ihre Unterstützung sehr zu schätzen.
Es grüßen die Vertreter der SMV

▶ **Übungsarbeiten
im Stil der
Vergleichsarbeiten
mit Lösungen**

Bildnachweis
James Moore

Vergleichsarbeiten 7. Klasse Deutsch Realschule Baden-Württemberg
Übungsarbeit 1

Die Geburtstagparty

1 Seit Karlotta und ihr Bruder Ben mit ihrer Mutter von Marbach ins 100 km entfernte Heidelberg gezogen sind, hat sich für die beiden vieles verändert. Ben besucht einen neuen Kindergarten und Karlotta
5 eine neue Schule. Zum Glück haben beide bereits viele neue Freunde gefunden. Trotz all der neuen Kontakte muss Karlotta noch oft an ihre Freundin Judith Fenn denken, die immerhin in der Steinerstraße in Marbach drei Jahre lang ihre Nachbarin
10 war. Wenn Karlotta die Augen schließt, sieht sie genau die zwei nebeneinanderliegenden Häuser vor sich: Nummer 20, Familie Fenn, Nummer 22, Familie Thelen. So war es nur ein Katzensprung, wenn sie sich gegenseitig besuchen wollten. Jetzt wohnt
15 Karlotta in der Scharnhorststraße 3. Gerne, aber natürlich auch ein bisschen wehmütig, denkt sie an die gemeinsam verbrachten Nachmittage. So ist es auch nicht weiter verwunderlich, dass sie sofort an Judith denkt, als ihre Mutter sie fragt, wen sie zur
20 Feier ihres 11. Geburtstages einladen möchte. Schon seit Wochen plant sie die Party, die am dritten Samstag im Februar stattfinden soll. Die unterschiedlichsten Ideen und Vorschläge wurden bereits lautstark diskutiert und meist auch gleich wie-
25 der verworfen. Ins Schwimmbad gehen? – Katharina kann nicht schwimmen und war schon bei Karins Geburtstag sauer, weil sie am Rand sitzen musste. Kino? – Leider für zehn Gäste zu teuer! Ponyreiten? – Wie sollen denn alle Gäste zum Stall
30 gebracht werden? Das wäre zu viel Aufwand. Wie wäre es denn mit einer 70er-Jahre-Party, mit Verkleiden, alles schön bunt, Kleider mit Rüschen, Schlaghosen, Stirnbändern und großen Sonnenbrillen? So wie die Hippies eben! Das ist eine tolle
35 Idee, das hat bisher kein anderes Kind gemacht.
  Die Feier soll erst abends stattfinden, ab 18 Uhr, sonst wäre es ja keine richtige Party. Auch Karlottas Mutter ist begeistert und einverstanden. Dürfen denn auch alle Gäste übernachten? Nein,
40 nicht alle, das wäre zu stressig, es reicht, wenn diejenigen über Nacht bleiben, die, wie Judith, von weit her kommen und nicht ohne Weiteres am selben Abend zurückfahren können. Wie schön wäre es doch, wenn Judith schon mittags anreisen könnte
45 und erst am darauffolgenden Tag von Karlottas Mutter nach Hause gebracht oder abgeholt werden würde – ganz wie in alten Zeiten. Die anderen Gäste können von Karlottas Vater gegen 22 Uhr nach Hause gefahren werden.
50 Karlotta ist einverstanden und macht sich voller Vorfreude an die Vorbereitungen. Zuerst schreibt sie aber einen Brief an Judith.

Quelle: eigener Text

Aufgabe 1

a) Schreibe diesen Brief, der zugleich eine Einladung sein soll.

Übungsarbeit 1

b) Beschrifte den hier abgebildeten Briefumschlag.

Aufgabe 2

Da einige der Gäste noch nie bei Karlotta zu Hause waren, legt sie den Einladungen eine Wegbeschreibung mit Skizze bei. Der Ausgangspunkt ist ihre Schule.
Formuliere die Wegbeschreibung mithilfe der Skizze.

Aufgabe 3

Ben soll auch bei den Vorbereitungen für die Party mithelfen.
Formuliere anhand der *To-do-Liste* die Aufforderungen im Imperativ (=Befehlsform).

a) Karlotta beim Tischdecken helfen
b) Getränke aus dem Keller holen
c) Luftballons aufblasen
d) den Geburtstagskuchen verzieren

Aufgabe 4

Karlotta möchte ihren Nachbarn mit einer kurzen Notiz über die bevorstehende Party informieren. Sie notiert den Inhalt erst, ohne die Großschreibung zu beachten. Fertige eine Reinschrift des Textes in richtiger Groß- und Kleinschreibung an.

> sehr geehrter herr müller,
>
> wie sie vielleicht schon von meinen eltern gehört haben, feiere ich am kommenden samstag meine geburtstagsparty. es könnte deshalb an diesem abend etwas lauter werden. ich hoffe, dass sie verständnis dafür haben. ich versichere ihnen, dass das fest gegen 22 uhr zu ende sein wird. wenn sie möchten, können sie gerne auch auf einen kuchen vorbeischauen.
>
> mit freundlichen grüßen
>
> ihre karlotta thelen

Aufgabe 5

Ergänze im folgenden Textausschnitt die fehlenden Satzzeichen der wörtlichen Rede.

Wenn die Gäste kommen, muss alles vorbereitet sein erklärt Karlotta ihrem Bruder Ben.
Ben ruft daraufhin eifrig Kann ich dir auch noch etwas helfen
Könntest du vielleicht die Luftschlangen auf dem Tisch verteilen fragt Karlotta.
Natürlich meint Ben kann ich das machen

Aufgabe 6

Bilde zum Wortstamm -back-

ein Verb: _____ ,

ein Adjektiv: _____ ,

zwei Nomen: _____ ,
_____ .

Aufgabe 7

Setze aus folgenden Satzbausteinen je einen inhaltlich sinnvollen und grammatikalisch korrekten Satz zusammen.

a) zu meiner Geburtstagsfeier | möchte ... einladen | am Freitag, den 14. Juli, | euch | herzlich | zu mir nach Hause | ich |

_____

_____

b) mitbringen | einen Freund oder eine Freundin | jeder, der möchte, | kann |

_____

_____

c) kommen | ist | obwohl | unsere Wohnung | sehr eng | viele Gäste

_____

_____

Aufgabe 8

Verbinde jeweils beide Sätze mithilfe einer Konjunktion zu einem korrekten Satzgefüge.

a) Am 30. August feiere ich bei mir zu Hause eine Party.
    Ich werde am 30. August 12 Jahre alt.

    _____

    _____

b) Gerne möchte ich meine ganze Klasse einladen.
    Wir haben nicht genug Platz für alle Kinder.

    _____

    _____

Aufgabe 9

Verbinde jeweils beide Sätze, indem du einen Relativsatz bildest.

a) Die Lehrerin sollte am besten auch kommen.
    Die Lehrerin unterrichtet uns in Deutsch und Englisch.

    _____

    _____

b) Ein kleines Mädchen weint bitterlich.
    Dem kleinen Mädchen ist sein Hund abgehauen.

    _____

    _____

Lösungsvorschläge

Aufgabe 1

Hinweis: Frage nach Informationen, die du benötigst, um den Brief schreiben zu können: Wer schreibt den Brief und an wen? Wie lauten Name und Adresse des Absenders? Wie der Name und die Adresse des Adressanten? Was ist der Anlass des Briefes? Wann findet die Feier statt? Welchen Ort und welches Datum musst du rechts oben vermerken? Wann beginnt und endet die Party? Ist eine Übernachtung der Gäste vorgesehen? Wie kommen die Gäste nach Hause? Muss etwas mitgebracht werden? Unterstreiche am besten die nötigen Informationen im Text, bevor du die Einladung schreibst. So vergisst du nichts. Einige der Informationen benötigst du auch für die korrekte Beschriftung des Briefumschlags.

a)

Heidelberg, den 25. 1. 2009

Liebe Judith,

jetzt ist es schon eine ganze Weile her, dass wir uns das letzte Mal gesehen haben. Hoffentlich geht es dir gut und du bist nicht auch von dieser scheußlichen Grippe betroffen.

Schneit es in Marbach auch so furchtbar wie bei uns in Heidelberg?

Ich vermisse dich sehr. Deshalb wird es wieder einmal Zeit, dass wir uns treffen. Aus diesem Grund möchte ich dich ganz herzlich zu meiner Geburtstagsfeier einladen. Ich werde nämlich 11 und veranstalte am Samstag, den 17. 2. 09, eine 70er-Jahre-Party, die um 18 Uhr beginnt und gegen 22 Uhr endet.

Es wäre toll, wenn du dich im Stil der 70er-Jahre anziehen würdest, z. B. mit einer Schlaghose, bunter Kleidung, einer Sonnenbrille usw.

Natürlich kannst du bei uns übernachten. Bringe dazu bitte deinen Schlafsack und deine Nachtsachen mit. Meine Mutter fährt dich am nächsten Tag wieder nach Hause.

Komm ruhig schon nachmittags, du hast ja einen ziemlich weiten Weg.

Ich freue mich sehr auf dich und darauf, dass du endlich meine neuen Freundinnen und Schulfreunde kennenlernst.

Ganz herzliche Grüße
von deiner Freundin Karlotta

P.S.: Auch Ben und meine Mutter lassen dich herzlich grüßen.

b)

Karlotta Thelen
Scharnhorststraße 3
69112 Heidelberg

An
Judith Fenn
Steinerstraße 20

71672 Marbach

Aufgabe 2

Hinweis: In einer Wegbeschreibung solltest du eine Person (oder mehrere Personen) direkt ansprechen. Da die geforderte Beschreibung für deine Schulfreunde gedacht ist, kannst du sie in der du-Form verfassen. Verwende auffällige Gebäude und Bauwerke (Post, Brücke, Bäckerei) als Orientierungshilfe und mache Richtungs- und Zeitangaben.

Von der Schule aus bist du in etwa 10 Minuten bei mir. Gehe zunächst in Richtung Park. Biege auf Höhe des Parks in die erste Straße links ein. Die Post befindet sich dann zu deiner Rechten. Gehe an der Post vorbei und nimm danach die zweite Straße rechts. Dort kommst du an eine Brücke, auf der du den Fluss überquerst. Biege nach der Brücke links in die Scharnhorststraße ein. Du findest unser Haus auf der linken Straßenseite, direkt neben der Bäckerei Booz.

Aufgabe 3

Hinweis: In Aufforderungssätzen steht das Prädikat im Imperativ an erster Stelle im Satz. Der Imperativ entspricht meist dem Stamm des Verbs, dem oft ein -e angehängt wird. Verben mit dem Stammvokal -e- werden teils unregelmäßig gebildet.
Ein Ausrufezeichen kannst du setzen, um der Aufforderung mehr Nachdruck zu verleihen.

Karlotta beim Tischdecken helfen	<u>Hilf</u> Karlotta (bitte) beim Tischdecken!
Getränke aus dem Keller holen	<u>Hole</u> Getränke aus dem Keller.
Luftballons aufblasen	<u>Blase</u> Luftballons <u>auf</u>!
den Geburtstagskuchen verzieren	<u>Verziere</u> den Geburtstagskuchen.

Aufgabe 4

Hinweis: Achte auf Artikel, Zahlwörter und andere Begleiter – sie helfen dir, ein Nomen oder substantiviertes Wort zu erkennen. Außerdem musst du Satzanfänge sowie das höfliche „Sie" in allen Formen großschreiben.

> Sehr geehrter Herr Müller,
> wie Sie vielleicht schon von meinen Eltern gehört haben, feiere ich am kommenden Samstag meine Geburtstagsparty. Es könnte deshalb an diesem Abend etwas lauter werden. Ich hoffe, dass Sie Verständnis dafür haben. Ich versichere Ihnen, dass das Fest gegen 22 Uhr zu Ende sein wird. Wenn Sie möchten, können Sie gerne auch auf einen Kuchen vorbeischauen.
> Mit freundlichen Grüßen
> Ihre Karlotta Thelen

Aufgabe 5

Hinweis: Die direkte Rede kennzeichnest du durch Anführungszeichen, Begleitsätze werden durch Kommas abgetrennt. (Den Schlusspunkt der Rede lässt du weg, wenn danach ein Begleitsatz folgt. Wird die direkte Rede aber durch ein Frage- oder Ausrufezeichen beendet, darfst du dieses nicht weglassen!) Wird der Begleitsatz vorangestellt, kannst du den Beginn der direkten Rede auch durch einen Doppelpunkt kennzeichnen.

„Wenn die Gäste kommen, muss alles vorbereitet sein", erklärt Karlotta ihrem Bruder Ben.
Ben ruft daraufhin eifrig: „Kann ich dir auch noch etwas helfen?"
„Könntest du vielleicht die Luftschlangen auf dem Tisch verteilen?", fragt Karlotta.
„Natürlich", meint Ben, „kann ich das machen."

Aufgabe 6

Hinweis: Achte darauf, dass sich die Schreibung und Lautgestalt des Wortstamms ändern können.

ein Verb:	backen / überbacken / ausbacken,
ein Adjektiv:	gebacken / überbacken / ausgebacken,
und zwei Nomen:	Gebäck / Bäcker / Bäckerei / Backstube / Backwaren.

Aufgabe 7

Hinweis: Beachte, dass dir in Satz a) ein zweiteiliges Prädikat vorliegt. Während du alle anderen Satzglieder nicht trennen darfst, musst du dieses Prädikat auseinanderziehen, um einen sinnvollen Satz formulieren zu können. Vergiss nicht, fehlende Satzzeichen zu setzen.

a) *Zu meiner Geburtstagsfeier am Freitag, den 14. Juli, möchte ich euch herzlich zu mir nach Hause einladen. / Am Freitag, den 14. Juli, möchte ich euch herzlich zu meiner Geburtstagsfeier zu mir nach Hause einladen.*

b) *Jeder, der möchte, kann einen Freund oder eine Freundin mitbringen.*

c) *Obwohl unsere Wohnung sehr eng ist, kommen viele Gäste.*

Aufgabe 8

Hinweis: Du solltest dir zunächst überlegen, welcher Zusammenhang jeweils zwischen den beiden Sätzen besteht. Dann kannst du eine treffende Konjunktion auswählen (für den Grund/Anlass z. B. „weil"/„da").

a) *Am 30. August feiere ich bei mir zu Hause eine Party, weil/da ich 12 Jahre alt werde.*

b) *Gerne möchte ich meine ganze Klasse einladen, doch/aber wir haben nicht genug Platz für alle Kinder.*

Aufgabe 9

Hinweis: Ein Relativsatz wird durch ein Relativpronomen eingeleitet; dieses ersetzt ein Wort oder Satzglied. Du musst zunächst also überprüfen, welche Wortgruppe du ersetzen möchtest und dann das entsprechende Relativpronomen auswählen. Vergiss nicht, es auch in den entsprechenden Fall zu setzen.

a) *Die Lehrerin, die uns in Deutsch und Englisch unterrichtet, sollte am besten auch kommen.*

b) *Ein kleines Mädchen, dessen Hund abgehauen ist, weint bitterlich. / Dem kleinen Mädchen, das bitterlich weint, ist sein Hund abgehauen.*

Vergleichsarbeiten 7. Klasse Deutsch Realschule Baden-Württemberg
Übungsarbeit 2

Der Wagen rollt auch ohne Pferde – wie das Auto die Menschen mobil machte

1 Am 25. November 1844 bekommen in Karlsruhe der Lokomotivführer Johann Benz und seine Lebensgefährtin Josephine Vaillant einen Sohn. Sie geben ihm den Namen Carl Friedrich Benz (1844–1929) und heiraten. Wie der Vater will auch Carl einen technischen Beruf ergreifen und besucht als junger Mann die Technische Hochschule in Karlsruhe. Vor allem Motoren haben es ihm angetan.

Und natürlich Bertha Ringer (1849–1944), eine junge Frau aus dem benachbarten Ladenburg, die Carl Benz 1872 heiratet. Wie gut diese Wahl tatsächlich ist, wird der junge Maschinenbauer erst später merken.

Zunächst entwickelt er mit viel Mühe und großem Einsatz einen einfachen Verbrennungsmotor, der etwa ein halbes PS leistet. Doch was soll dieser Motor antreiben? Eine Kutsche natürlich. Benz ist allerdings nicht der Erste, der auf diese Idee kommt.

Unzähmbare Dampfwagen

Schon bald nach der Erfindung der Dampfmaschine (1712) denken gleich mehrere Erfinder an die Möglichkeit, einen Wagen mit Dampfkraft anzutreiben. Einer von ihnen ist der französische Offizier Nicolas Cugnot (1725–1804). Er erhält von der Armee den Auftrag, ein Fahrzeug zu entwickeln, mit dem Kanonen ohne scheuende Pferde gezogen werden können. Cugnot baut daraufhin eine Dampfmaschine in den Wagen ein; dieser fährt dann zwar, ist aber viel zu schwer und kaum zu lenken. Schon bei der ersten Fahrt 1769 rammt das schnaubende Ungetüm die Mauer einer Kaserne. Doch Cugnot hat bewiesen, dass Wagen mit Maschinenantrieb möglich sind.

Auch der Engländer Richard Trevithik (1771–1833), der Erfinder der Eisenbahn, baut 1801 einen Dampfwagen, der den Namen „Puffing Devil", also „schnaubender Teufel", erhält. Doch dieser und andere Dampfwagen können sich nicht durchsetzen. Die Dampfmaschine ist einfach zu groß und zu schwer zu beherrschen.

Der Ottomotor macht's möglich

Als jedoch der deutsche Maschinenbauer Nikolaus Otto (1832–1891) im Jahr 1876 den Viertaktmotor entwickelt, der nicht nur mit Gas, sondern auch mit Benzin betrieben werden kann, beginnt die Erfolgsgeschichte des Kraftwagens. Der Motor, der schon bald „Ottomotor" genannt wird, ist klein, leicht zu bedienen und daher bestens geeignet, einen Wagen anzutreiben.

Dennoch konnten die frühen Autobauer zunächst noch keinen Durchbruch mit ihren Automobilen feiern. In Sachsen macht sich der Erfinder Louis Tuchscherer (1847–1922) an die Arbeit und baut 1880 eine „Kutsche ohne Pferde", die von einem Motor angetrieben wird. Sein Fahrzeug funktioniert mehr schlecht als recht und wird kein Erfolg. Auch anderen Erfindern gelingt es nicht, alle Probleme zu lösen, die der Bau eines Motorwagens mit sich bringt. Denn außer einem Motor braucht man auch eine Gangschaltung, eine Lenkung und viele andere technische Einrichtungen.

Aber einer hat schließlich doch Erfolg, nämlich Carl Benz. Zu verdanken hat er dies nicht zuletzt seiner Frau Bertha, die noch vor der Heirat ihr ganzes Geld in die Entwicklung steckt. Der Motorwagen, den Benz 1885 fertigstellt, hat zwar nur drei Räder, aber sonst alles, was ein echtes Automobil braucht. Der nochmals verbesserte Motor hat fast ein PS und läuft ausgezeichnet. Nur das von Carl und Bertha Benz erhoffte Geschäft bleibt aus. Niemand möchte den patentierten Motorwagen kaufen, der knatternd durch Mannheim fährt. Ein Wagen ohne Pferde? Kann der nicht jederzeit stehen bleiben? Die Menschen sind misstrauisch, und dem kleinen Unternehmen droht die Pleite. Da hat Bertha Benz eine Idee.

Am 5. August 1885 packt sie ihre Söhne Richard und Eugen, setzt sie in das Auto und fährt mit ihnen von Mannheim nach Pforzheim. Trotz schlechter Straßen schafft sie die 106 Kilometer mühelos und beweist so eindrucksvoll, was die Erfindung ihres Mannes kann. Das nötige Benzin kauft sie in der Apotheke, denn Tankstellen gibt es noch lange nicht. Ihre Werbefahrt ist bald in aller Munde, und die kleine Firma von Carl Benz wird eine große. 1889 zeigt er den Wagen sogar auf der Weltausstellung in Paris. Viele Franzosen bestellen sofort einen dieser sensationellen Motorwagen.

Quelle: Bernd Flessner, Geniale Denker und clevere Tüftler. 20 bahnbrechende Erfindungen der Menschheit. Beltz & Gelberg. In Zusammenarbeit mit: Der Jugend Brockhaus, Weinheim 2008, S. 96–101.

Übungsarbeit 2

Aufgabe 1

Kreuze zutreffende Informationen an. Verbessere falsche Aussagen auf den Leerzeilen.

☐ In diesem Text geht es um die Erfindung des Automobils.

_____

☐ Ziel der Autobauer war es, die Pferde als Wagenantrieb zu ersetzen.

_____

_____

_____

☐ Obwohl der Wagen des Sachsen Louis Tuchscherer gut funktioniert, wird er kein Erfolg.

_____

_____

Aufgabe 2

Ordne folgenden Stichworten die passenden Absätze des Textes mit Zeilenangaben zu.

a) Heirat mit Bertha: Zeile _____ – Zeile _____

b) Probleme beim Autobau: Zeile _____ – Zeile _____

c) Der Dampfwagen scheitert: Zeile _____ – Zeile _____

d) Erfolg durch Berthas Werbefahrt: Zeile _____ – Zeile _____

e) Geburt und Herkunft: Zeile _____ – Zeile _____

f) Der Ottomotor: Zeile _____ – Zeile _____

g) Die Idee vom motorisierten Wagen: Zeile _____ – Zeile _____

h) Benz stellt den Motorwagen fertig: Zeile _____ – Zeile _____

i) Die ersten Wagen mit Dampfantrieb: Zeile _____ – Zeile _____

Aufgabe 3

Beantworte die folgenden Fragen in vollständigen Sätzen.

a) Welchen Beruf hatte der Vater von Carl Benz?

_____

b) Im Text wird der Ottomotor erwähnt. Woher hat dieser seinen Namen?

c) Welche Treibstoffe kann der Ottomotor verbrennen?

d) Warum hat Carl Benz mit seinem Motorwagen zunächst keinen Erfolg?

e) Wie wirkt sich Bertha Benz' „Werbefahrt" auf den Erfolg ihres Mannes aus? Warum?

Aufgabe 4

Wandle folgende Wörter jeweils in die in Klammern angegebene Wortart um.

fahren (als Nomen): Bertha begab sich mit ihren Kindern auf große _____.

fahren (als Adjektiv): Da es kaum Autos gab, waren die Straßen wenig _____.

funktionieren (als Nomen): Hier zeigten sich der Nutzen und die _____ einer guten Lenkung.

funktionstüchtig (als Nomen): Die _____ des Motors wurde kritisch geprüft.

Entwicklung (als Verb): So konnte sich das Automobil _____.

Aufgabe 5

Bestimme die Satzglieder im folgenden Satz. Unterstreiche dazu die einzelnen Satzglieder und schreibe jeweils darunter, um welches Satzglied es sich handelt.

Am 5. August fährt Bertha Benz ihre Söhne nach Pforzheim.

Übungsarbeit 2

Aufgabe 6

Setze im folgenden Text die Verben in das Präteritum.

Am 5. August 1885 _____ (packen) Bertha ihre Söhne Richard und Eugen, _____ (setzen) sie in das Auto und _____ (fahren) mit ihnen von Mannheim nach Pforzheim. Trotz schlechter Straßen _____ (schaffen) Bertha die 106 Kilometer mühelos und _____ (beweisen) so eindrucksvoll, was die Erfindung ihres Mannes _____ (können). Das nötige Benzin _____ (kaufen) sie in der Apotheke, denn Tankstellen _____ (geben) es noch lange nicht. Ihre Werbefahrt _____ (sein) bald in aller Munde, und die kleine Firma von Carl Benz _____ (werden) eine große.

Aufgabe 7

Welcher Begriff passt nicht in das Wortfeld? Streiche diesen durch.

Auto   Bus   Bremse   Motorrad   Fahrrad

Aufgabe 8

Finde die Pluralformen der folgenden Nomen.

Fahrzeug _____   Bus _____

Bremse _____   Motorrad _____

Aufgabe 9

Verbinde folgende Sätze mithilfe von Konjunktionen. Achte dabei auf die Zeichensetzung.

a) Die Erfolgsgeschichte des Kraftwagens beginnt im Jahr 1876.
   Der deutsche Maschinenbauer Nikolaus Otto entwickelt 1876 den Viertaktmotor.
   _____
   _____

b) Die frühen Autobauer konnten anfangs noch keinen Durchbruch feiern.
   Der Motor war leicht zu bedienen und bestens geeignet, einen Wagen anzutreiben.
   _____
   _____

c) Das von Louis Tuchscherer erfundene Fahrzeug wurde kein Erfolg.
   Es funktionierte mehr schlecht als recht.

Aufgabe 10

Berthas Werbefahrt sorgt für Aufsehen. Auf der Weltausstellung wird sie von einem Reporter zu den Ereignissen befragt. Schreibe das Interview: Überlege dir drei Fragen und beantworte sie. Lies dazu folgenden Text, der Berthas Gedanken über die geplante Fahrt wiedergibt.

1 „Jetzt steht er da, der Motorwagen. Patentiert, fahrbereit und herausgeputzt. Doch nicht einmal ansehen wollen ihn die Leute. Auf diese Weise wird Carl keinen einzigen Wagen verkaufen. Spätestens
5 in einem halben Jahr sind wir pleite. Aber was kann ich tun? Man müsste den Wagen bekannt machen! Durch eine aufsehenerregende Fahrt – vielleicht nach Pforzheim? Ja, ich könnte nach Pforzheim fahren! Das müsste zu schaffen sein. Dann kann je-
10 der sehen, was der Wagen leisten kann. Bloß Carl darf es vorher nicht wissen, sonst hat er vielleicht Bedenken.
Am besten nehme ich die Kinder mit, so können die Menschen gleich sehen, wie ungefährlich der
15 Wagen ist. Schließlich bringe ich meine Kinder ja nicht in Gefahr! Ich habe Carl schon einmal vor dem Ruin bewahrt. Wieso soll es mir nicht ein zweites Mal gelingen?"

Quelle: Bernd Flessner, Geniale Denker und clevere Tüftler. 20 bahnbrechende Erfindungen der Menschheit. Beltz & Gelberg. In Zusammenarbeit mit: Der Jugend Brockhaus, Weinheim 2008, S. 73 (leicht verändert).

Reporter:

Bertha Benz:

Reporter:

Bertha Benz:

Reporter:

Bertha Benz:

Aufgabe 11

Entnimm der Tabelle die Antworten auf die folgenden Fragen.

Bestand an Kraftfahrzeugen in Baden-Württemberg, Bayern, Thüringen und im Saarland im Januar 2007

Land	Kraftfahrzeuge insgesamt	davon: Personenkraftwagen	davon: Lastkraftwagen
Baden-Württemberg	7 637 655	6 352 765	306 782
Bayern	9 496 289	7 638 869	394 206
Saarland	764 122	561 564	32 312
Thüringen	1 545 720	1 305 114	99 060

Quelle: Statistische Ämter des Bundes und der Länder, im Internet www.statistik-portal.de/Statistik-Portal/de_jb16_jahrtab37.asp, Stand: 15. 08. 2008 (leicht verändert)

a) Ist die folgende Aussage richtig oder falsch? Kreuze an und verbessere, wenn nötig.

Dieser Tabelle kann man entnehmen, wie viele Kraftfahrzeuge es im März 2008 in den vier genannten Bundesländern gibt.

☐ richtig   ☐ falsch

_____

_____

b) In welchem der Bundesländer gibt es die meisten Kraftfahrzeuge?

_____

c) In welchem der Bundesländer gibt es am wenigsten Lastkraftwagen?

_____

d) Ist die folgende Aussage richtig oder falsch? Kreuze an und verbessere, wenn nötig.

In Thüringen gibt es mehr Lastkraft- und weniger Personenkraftwagen als im Saarland.

☐ richtig   ☐ falsch

_____

_____

Übungsarbeit 2 – Lösungsvorschläge

Lösungsvorschläge

Aufgabe 1

Hinweis: Beachte, um diese Aussagen zu beurteilen, auch die Überschrift – sie hilft dir bei den ersten beiden Fragen. Informationen über Tuchscherer findest du in den Zeilen 51–56.

[X] In diesem Text geht es um die Erfindung des Automobils.

[X] Das Ziel der Autobauer war es, die Pferde als Wagenantrieb zu ersetzen.

[ ] Obwohl der Wagen des Sachsen Louis Tuchscherer gut funktioniert, wird er kein Erfolg.
Tuchscherers Wagen wird kein Erfolg, weil er nicht besonders gut funktioniert.

Aufgabe 2

Hinweis: Untergliedere den Text am besten beim Lesen in Sinnabschnitte und notiere dir Stichwörter dazu am Rand. Dann kannst du diese mit den Vorschlägen aus der Aufgabenstellung abgleichen und richtig zuordnen.

a) Heirat mit Bertha: Zeile 9 – Zeile 13
b) Probleme beim Autobau: Zeile 49 – Zeile 60
c) Der Dampfwagen scheitert: Zeile 33 – Zeile 39
d) Erfolg durch Berthas Werbefahrt: Zeile 76 – Zeile 87
e) Geburt und Herkunft: Zeile 1 – Zeile 8
f) Der Ottomotor: Zeile 40 – Zeile 48
g) Die Idee vom motorisierten Wagen: Zeile 14 – Zeile 18
h) Benz stellt den Motorwagen fertig: Zeile 61 – Zeile 75
i) Die ersten Wagen mit Dampfantrieb: Zeile 19 – Zeile 32

Aufgabe 3

Hinweis: Die nötigen Informationen findest du in: a) Zeile 2, b) Zeile 41–46, c) Zeile 43 f., d) Zeile 72 f., e) Zeile 83–87.

a) *Er war Lokomotivführer.*

b) *Er hat den Namen von seinem Erfinder, dem deutschen Maschinenbauer Nikolaus Otto.*

c) *Er kann Gas und Benzin verbrennen.*

d) *Benz hat zunächst keinen Erfolg, weil die Menschen misstrauisch sind und befürchten, der Wagen ohne Pferde könne jederzeit stehen bleiben.*

e) *Nur durch die Werbefahrt hat Benz schließlich Erfolg. Sie beweist, dass der Wagen gut funktioniert, und die Menschen verlieren ihr Misstrauen, als sie sehen oder erzählt bekommen, wie gut der Wagen fährt. Nach dieser Werbefahrt verkauft Benz seinen Wagen und zeigt ihn sogar auf der Weltausstellung in Paris.*

Aufgabe 4

fahren (als Nomen): Bertha begab sich mit ihren Kindern auf große *Fahrt*.

fahren (als Adjektiv): Da es kaum Autos gab, waren die Straßen wenig *befahren*.

funktionieren (als Nomen): Hier zeigten sich der Nutzen und die *Funktion* einer guten Lenkung.

funktionstüchtig (als Nomen): Die *Funktionstüchtigkeit* des Motors wurde kritisch geprüft.

Entwicklung (als Verb): So konnte sich das Automobil *entwickeln*.

Aufgabe 5

Hinweis: Um diese Aufgabe zu lösen, kannst du die Umstellprobe machen und dann die Satzglieder erfragen: Wer tut etwas? Was tut er oder sie? ....

Am 5. August	fährt	Bertha Benz	ihre Söhne	nach Pforzheim.
Temporal- adverbial	Prädikat	Subjekt	Akkusativ- objekt	Lokaladverbial

Aufgabe 6

Hinweis: Um das Präteritum zu bilden, verwendest du den Stamm des Verbs (also Infinitiv ohne -en) und fügst ein -t- sowie die nötige Personalendung an. Beachte aber: Bei einigen Verben wird das Präteritum unregelmäßig gebildet! Am besten schreibst du dir diese Verben auf ein Lernplakat.

Am 5. August 1885 *packte* Bertha ihre Söhne Richard und Eugen, *setzte* sie in das Auto und *fuhr* mit ihnen von Mannheim nach Pforzheim. Trotz schlechter Straßen *schaffte* Bertha die 106 Kilometer mühelos und *bewies* so eindrucksvoll, was die Erfindung ihres Mannes *konnte*. Das nötige Benzin *kaufte* sie in der Apotheke, denn Tankstellen *gab* es noch lange nicht. Ihre Werbefahrt *war* bald in aller Munde, und die kleine Firma von Carl Benz *wurde* eine große.

Aufgabe 7

Hinweis: Überlege, was die meisten der vorgegebenen Begriffe gemeinsam haben und suche einen passenden Oberbegriff. Dann kannst du alle Wörter abhaken, die von deinem Oberbegriff abgedeckt werden – bis auf das Wort, das nicht zu den anderen passt.

Auto   Bus   ~~Bremse~~   Motorrad   Fahrrad

Aufgabe 8

| Fahrzeug | *Fahrzeuge* | Bus | *Busse* |
| Bremse | *Bremsen* | Motorrad | *Motorräder* |

Aufgabe 9

Hinweis: Überprüfe zunächst jeweils den Zusammenhang zwischen beiden Sätzen. Wähle dann eine passende Konjunktion, um diesen Zusammenhang (z. B. Gleichzeitigkeit, Gegensatz usw.) auszudrücken.

a) *Die Erfolgsgeschichte des Kraftwagens beginnt im Jahr 1876, als der deutsche Maschinenbauer Nikolaus Otto den Viertaktmotor entwickelt.*

b) *Obwohl/Obgleich der Motor leicht zu bedienen und bestens geeignet war, einen Wagen anzutreiben, konnten die frühen Autobauer anfangs noch keinen Durchbruch feiern.*

c) *Das von Louis Tuchscherer erfundene Fahrzeug wurde kein Erfolg, denn es funktionierte mehr schlecht als recht./*
Das von Louis Tuchscherer erfundene Fahrzeug wurde kein Erfolg, da/weil es mehr schlecht als recht funktionierte.

Aufgabe 10

Hinweis: Informationen über Bertha Benz und ihre Werbefahrt findest du in den Zeilen 61–87. Lies sie nochmals genau und überlege dir, welches die zentralen Informationen in diesem Abschnitt sind. Diese kannst du dann erfragen. Es sind auch andere Fragen und Antworten als die hier vorgeschlagenen möglich.

Reporter:
Warum haben Sie sich zu dieser Werbefahrt entschieden?

Bertha Benz:
Weil der Wagen meines Mannes fertig war und gut funktionierte, die Leute ihn aber nicht einmal ansehen wollten. Mein Ziel war es, den Wagen bekannt zu machen und zu beweisen, dass er zuverlässig ist.

Reporter:
Warum haben Sie ihre Söhne mitgenommen?

Bertha Benz:
Ich wollte den Menschen zeigen, dass eine Fahrt mit Carls Wagen völlig ungefährlich ist. Das ging am besten, indem ich meine Kinder mitnahm. Denn alle wissen, dass ich sie nicht in Gefahr bringen würde.

Reporter:
Was wäre geschehen, wenn die Werbefahrt nicht den erwünschten Erfolg gebracht hätte?

Bertha Benz:
Wir wären spätestens nach einem halben Jahr pleite gewesen, denn wir haben unser ganzes Geld in die Entwicklung gesteckt.

Aufgabe 11

Hinweis: Versuche zunächst, die Überschrift der Tabelle in eigenen Worten zu umschreiben (vgl. Aufgabe a). So kannst du die erste Frage richtig beantworten. Um die Zahlen korrekt zu vergleichen, musst du darauf achten, jeweils in der richtigen Zeile und Spalte nachzuschauen. Wenn du z. B. das Bundesland mit den meisten Kraftfahrzeugen ermitteln sollst, kannst du die restlichen Spalten mit einem Blatt Papier bedecken – so kommst du nicht durcheinander.

a) Dieser Tabelle kann man entnehmen, wie viele Kraftfahrzeuge es im März 2008 in den vier genannten Bundesländern gibt.

☐ richtig   ☒ falsch

Die Tabelle zeigt, wie viele Kraftfahrzeuge es im Januar 2007 gibt.

b) *Die meisten Kraftfahrzeuge gibt es in Bayern.*

c) *Am wenigsten Lastkraftwagen gibt es im Saarland.*

d) In Thüringen gibt es mehr Lastkraft- und weniger Personenkraftwagen als im Saarland.

☐ richtig   ☒ falsch

Es gibt in Thüringen mehr Lastkraftwagen und mehr Personenkraftwagen als im Saarland.

Vergleichsarbeiten 7. Klasse Deutsch Realschule Baden-Württemberg
Übungsarbeit 3

Nennt mich nicht Ismael! Ein Jugendbuch von Michael Gerard Bauer

Der 14-jährige Schüler Ismael Leseur hat ein ernsthaftes Problem: seinen Namen. Seine Eltern haben ihn nach einer Figur aus Herman Melvilles Roman „Moby Dick", der die Jagd auf einen weißen Wal schildert, benannt. „Call me Ismael" („Nennt mich Ismael"), lautet einer der berühmtesten Anfangssätze der Weltliteratur.

Ismael, der die Hänseleien seines Namens wegen mittlerweile einfach hinnimmt und zusieht, dass er möglichst unsichtbar bleibt, ist fast schon überzeugt, dass eine „Krankheit" für sein Unglück verantwortlich ist: Und zwar eine, die ihm schon sein ganzes Leben eine Peinlichkeit nach der anderen beschert: das Ismael-Leseur-Syndrom.

Dabei war das in der Grundschule noch nicht so. Erst nach dem Wechsel in die St.-Daniel's-Schule traf er auf den Klassenrowdy Barry Bagsley, und der Spießrutenlauf begann. Ismael hat mittlerweile sogar einen festen Wochenplan ausgeklügelt, der die Begegnungen mit Barry auf ein Mindestmaß reduziert. Doch eines Tages muss Ismael mitansehen, wie die Gruppe um Barry einen kleinen Jungen drangsaliert:

1 Es geschah auf dem Heimweg am letzten Tag des ersten Halbjahres. Ich hatte das Schultor gerade passiert und wollte auf den langen betonierten Weg einbiegen […]. Normalerweise fiel es mir
5 nicht schwer, Barry Bagsley nach Schulschluss aus dem Weg zu gehen. Wenn er nicht durch Rugby- oder Krickettraining aufgehalten wurde, machte er sich nach dem letzten Klingeln aus dem Staub wie ein Häftling auf der Flucht. Um zu überleben,
10 machte ich es mir zur Aufgabe, ebenso viel über Barry Bagsleys Tagesablauf zu wissen wie er selbst. Auf diese Weise wusste ich, wann ich direkt nach der Schule nach Hause gehen konnte, wann es klüger war, in der Bibliothek (in die Barry Bagsley
15 freiwillig keinen Fuß setzte) zu warten, welche Bereiche des Schulgeländes und der Sportanlagen ich meiden und welchen Heimweg ich nehmen musste. An diesem speziellen Tag jedoch hatte ich trotz aller mir zur Verfügung stehenden Erkenntnisse
20 erst einen Schritt auf dem Weg neben den „Feldern" gemacht, als ich plötzlich nur ungefähr fünfzig Meter vor mir Barry Bagsley und zwei seiner Kumpel erspähte. Zum Glück hatten sie mich noch nicht entdeckt. Ich musste nur umdrehen und den
25 längeren Weg nach Hause nehmen. Und genau das hätte ich auch getan, wenn ich *ihn* nicht gesehen hätte. Ich erkannte die Schuluniform sofort, das Grün und das Blau meiner alten Schule Moorfield Primary. Zunächst hatte ich ihn übersehen, weil er
30 so klein war – wahrscheinlich erst in der dritten oder vierten Klasse – und die größeren Jungs mir den Blick auf ihn verstellt hatten. Ich dachte, sie würden ein Spiel spielen, denn Barry und die anderen beiden, in denen ich Danny Wallace und
35 Doug Savage erkannte, warfen sich gegenseitig etwas zu, und der kleine Junge versuchte, es zu fangen. Dann begriff ich, dass es die Kappe des Jungen war, und dass er an dem Spiel, wenn es denn eines war, keinen Spaß hatte, denn er wischte sich Trä-
40 nen aus dem Gesicht. Jede Faser meines Körpers sagte mir, dass es in einem solchen Moment das Klügste war, mich kleinzumachen. Ein paar Schritte zurück, und ich wäre außer Sichtweite. Dann könnte ich Barry Bagsley und seine Bande verges-
45 sen. Aber das war genau das Problem. Sie könnte ich vergessen, aber den kleinen Jungen würde ich nicht aus meinem Kopf verbannen können. Ich möchte nicht lügen. Ich bin kein Held. Ich *wollte* umkehren und weglaufen. Ich *wollte* mich klein
50 machen. Ich *wollte* mich unsichtbar machen. Aber ich hatte das schreckliche Gefühl, dass ich mich niemals wiederfinden würde, wenn ich das jetzt täte. Ich weiß nicht, warum ich glaubte, etwas tun zu können, oder was genau, jedenfalls stellte ich
55 fest, dass ich auf das Dreieck aus grauen Schuluniformen zulief und auf die kleine grün-blaue Gestalt, die darin gefangen war. Ich kam mir vor wie eine hölzerne Marionette, die sich ruckartig fortbewegt, während ein Wahnsinniger die Fäden zieht.
60 Ich brauchte meine gesamte Konzentration, nur um die Bewegungen meiner Arme und Beine zu kontrollieren und dafür zu sorgen, dass sie sich nicht verhedderten und ich zu Boden stürzte. Fragen wirbelten durch meinen Kopf wie die Bälle bei
65 der Ziehung der Lottozahlen. Was mache ich hier? Bin ich vollkommen verrückt geworden? Glaube ich wirklich, dass ich dem Jungen helfen kann? Warum stoßen beim Gehen meine Knie aneinan-

der? Kann ein Herz so sehr schlagen, dass der Brustkorb aufbricht? Wie ging das Gebet noch mal, von dem Großmutter sagte, dass es immer half? Ist es zu spät, sich davonzumachen? „Ach, sieh da, ist das nicht Fisch-Wal?" Tja, wenigstens die Antwort auf meine letzte Frage kannte ich jetzt. „He, Stinkstiefel, Lust auf Frisbee?" Barry Bagsley lachte und warf eine schlabberige blaue Kappe mit einem großen gestickten „M" zu Danny Wallace hinüber. Der Junge aus der Moorfield Primary machte einen halbherzigen Versuch, sie zu fangen, aber er hatte längst begriffen, dass er keine Chance hatte. Mit roten Augen und dreckverschmierten Backen sah er mich an, als wäre ich noch ein Peiniger mehr. Danny Wallace schleuderte die Kappe zurück zu Barry Bagsley. „Was hast du gesagt, Piss-Wal? Lust auf ein Spiel?" Ich schüttelte den Kopf. „Was? Du willst nicht mit uns spielen? Ich bin erschüttert. He, Jungs, ich glaube, Stinkstiefel mag uns nicht. Er möchte nicht mit uns spielen." Die beiden anderen lachten und taten so, als wären sie sehr enttäuscht. „Warum gibst du ihm nicht einfach seine Kappe zurück?" Es war raus. Ich hatte es gesagt. Jetzt konnte ich nicht mehr zurück. Ich hatte mich auf das Transportband gefesselt und steuerte auf den Fleischwolf zu. „Ihm die Kappe zurückgeben?", sagte Barry mit gespieltem Entsetzen. „Aber wir hatten gerade so viel Spaß damit. Oder, Jungs?" Danny und Doug lächelten wie Gangster. „Ihm macht es keinen Spaß. Gebt ihm jetzt die Kappe zurück." Ich hörte das Malmen und Schleifen von Stahl auf Fleisch. „Tja, Fisch-Wal, wenn du willst, dass er seine Kappe zurückbekommt, dann komm doch einfach und hol sie." Was sollte er sonst sagen? Ich kam mir vor, als wären wir in einem alten Ritual gefangen, in dem die Worte und Rollen immer gleich waren. Was konnte ich tun? Was konnte ich sagen? Wenn ich Wolverine aus *X-Men* wäre, könnte ich die stählernen Klauen aus meinen Fingerknöcheln ausfahren und Barry Bagsley zu einem Haufen menschlicher Zwiebelringe zerschnippeln. Aber halt, ich habe keine übernatürlichen Fähigkeiten, oder? Richtig, das hatte ich vergessen. Ich kann nicht einmal Stahl mit bloßen Händen biegen oder mit meinem Atem einen Tornado erzeugen oder Menschen in Eisblöcke verwandeln, indem ich sie einfach ansehe. Ich kann sie nicht einmal in einem Spinnennetz fangen, das aus meinen Handgelenken spritzt. Nein, vermutlich musste ich mich ganz auf die Macht meines gewaltigen Intellekts verlassen und mit einer vernichtenden Retourkutsche aufwarten. „Komm schon, gib ihm seine Kappe zurück", blökte ich. Brillant! Ich merkte richtiggehend, wie Barry und seine Handlanger vor dem Sperrfeuer meiner inspirierten Worte in die Knie gingen. „Was ist los, Trantüte? Hier ist deine Chance, ein Held zu sein. Du hast doch nicht etwa Angst?" Ich sagte nichts. Ich tat nichts. Ich wurde zu Brei gemahlen und zerstampft. „Ich mach dir einen Vorschlag. Wenn du uns *deine* Kappe zum Frisbeespielen gibst, dann geben wir dem Kleinen *seine* Kappe zurück, versprochen." Das würde er natürlich nicht tun. Ich wusste es und er wusste es. Wahrscheinlich wussten es sogar Danny, Doug und der Kleine. Aber ich steckte inzwischen so tief in dem Fleischwolf, dass ich keine Wahl hatte, als durchzuhalten und zu warten, bis ich am anderen Ende wieder ausgespuckt wurde. Also zog ich meine Kappe aus der Tasche und reichte sie Barry Bagsley.

Quelle: Michael Gerard Bauer, Nennt mich nicht Ismael. Übersetzung: Ute Mihr. Hanser Verlag, München 2008, S. 56–61 (leicht verändert)

Aufgabe 1

An welcher Stelle im Text erkennt Ismael, dass der kleine Junge in Not ist? Beschreibe die Situation mit eigenen Worten und gib die betreffenden Zeilen an.

Aufgabe 2

Weshalb möchte Ismael sich am liebsten aus dem Staub machen, als er sieht, was Barry und seine Bande mit dem kleinen Jungen anstellen? Begründe deine Antwort.

Aufgabe 3

Finde für den vorliegenden Textausschnitt aus dem Jugendbuch eine passende Überschrift.

Aufgabe 4

Wie könnte das Kapitel deiner Meinung nach enden? Schreibe einen passenden Schluss. Suche, falls nötig, eine andere Überschrift.

Übungsarbeit 3

Aufgabe 5

Folgende Stichworte gehören zum Schreibplan einer Buchbesprechung, die in der Schülerzeitung erscheinen soll. Einige Stichworte enthalten aber inhaltliche Fehler. Kreuze richtige Angaben an und verbessere Falsches auf den dafür vorgesehenen Linien.

☐ Das Jugendbuch hat den Titel „Moby Dick" und zählt zur Weltliteratur.

_____

☐ Autor des Buches ist Michael Gerard Bauer.

_____

☐ Ich-Erzähler ist der 14-jährige Ismael Leseur.

_____

☐ Seine Eltern gaben ihm den Namen einer Figur aus einem berühmten Roman.

_____

_____

☐ Bereits in der Grundschule hasste Ismael seinen Namen, weil er seinetwegen oft gehänselt und aufgezogen wurde.

_____

_____

☐ Einer der Mitschüler hat es auf ihn abgesehen, und Ismael beschließt, sich aktiv zu wehren.

_____

_____

☐ Ismael versucht, dem Klassenrowdy Barry aus dem Weg zu gehen.

_____

_____

Aufgabe 6

Im Folgenden findest du einen weiteren Teil der Buchbesprechung. Füge passende Konjunktionen in die Lücken ein. Mehrfachnennungen sind möglich.

Alles ändert sich, _____ James Scobie in die Klasse kommt _____ ausgerechnet neben Ismael sitzen soll. Der kauzige kleine Kerl sieht so aus, _____ wäre er das perfekte Mobbing-Opfer der Barry-Bagsley-Gang. Und so ist es auch – zunächst zumindest, _____ James hat seit seiner schweren Operation, als ihm im Kopf ein Tumor entfernt wurde, vor rein gar nichts mehr Angst. _____ die Bande nichts unversucht lässt, Scobie unterzukriegen, beißt sie sich an dem kleinen Kerl die Zähne aus. _____ es ihm wortgewaltig und ohne mit der Wimper zu zucken gelingt, den anderen Paroli zu bieten, ist Ismael sehr beeindruckt.

Aufgabe 7

Im folgenden Text aus einer Buchbesprechung haben sich acht Rechtschreibfehler eingeschlichen. Unterstreiche fehlerhafte Wörter und verbessere sie am Rand.

Als James in der Schule einen Debattierclub gründet, geräht Ismael, dem nichts fernerliegt, als vor anderen Menschen zu diskutieren oder Reden zu halten, unverhoft als Mitglied in den Kreis der fünf Jungen. Alle sind ein wenig eigenartich und Ismael hat so seine Zweifel, ob diese Einzelgänger auch nur den Hauch einer Chance haben werden. Mitglieder des Debatierclubs sind schlieslich erstens die „lebende und atmende Suchmaschine für Fakten, Zahlen und Daten" Ignatius Prindabel, zweitens Orazio Zorzotto der Klassenclown, dessen Muntwerk niemals stillsteht und den nichts mehr fasziniert als das weibliche Geschlecht, drittens der dicke Science-Fiction- und Fantasy-Freak Bill Kingsley, der immerzu Lichtjahre vom wahren Leben entvernt zu sein scheint, viertens Scobie und fünftens Ismael selbst. Ismael tritt nur unter der Bedingung bei, das er niemals auch nur ein Wort sagen müsse.

Aufgabe 8

Finde in folgendem Text je ein Beispiel für die Wortarten Artikel, Verb, Nomen, Adjektiv, Adverb, Konjunktion, Präposition und Pronomen. Trage die Wörter auf den Linien ein.

1 Die Geschichte, wie Ismael zu seinem Namen kam, ist die Lieblingsgeschichte seiner Familie. Na ja, zumindest die Lieblingsgeschichte seines Vaters. Jedes Familienmitglied reagiert ein bisschen anders auf
5 sie. Ismaels Vater erzählt sie für sein Leben gern. Seine Mutter hört sie unheimlich gern an und seine Schwester liebt es, zuzuschauen, wie Ismael sich rot wie eine Tomate windet, wenn sie erzählt wird. Und Ismael? Er windet sich mit unbehaglicher Schames-
10 röte im Gesicht. Er hat die Geschichte, wie er zu dem Namen Ismael gekommen ist, so oft gehört, dass er das Gefühl hat, selbst dabei gewesen zu sein. In gewisser Weise war er das ja auch.

Quelle: Michael Gerard Bauer, Nennt mich nicht Ismael. Übersetzung: Ute Mihr. Hanser Verlag, München 2008, S. 17 (leicht verändert)

Artikel: _____   Nomen: _____

Verb: _____   Adjektiv: _____

Pronomen: _____   Konjunktion: _____

Aufgabe 9

Bilde den Plural der folgenden Nomen.

Hasenzahn: _____   Ritter: _____

Diskussion: _____   Wald: _____

Aufgabe 10

Erweitere die folgenden Sätze um einen Relativsatz. Nutze die Zusatzinformation in Klammern.

Beispiel: Der kleine Junge hatte Angst. (Der kleine Junge trug eine blaue Schuluniform.)
Der kleine Junge, der eine blaue Schuluniform trug, hatte Angst.

a) Ismael war es leid, immer wegen seines Namens verspottet zu werden.
   (Ismael war nach einer Figur aus dem Roman „Moby Dick" benannt worden.)

   _____

   _____

b) Als James Scobie in seine Klasse kommt, lernt Ismael, wie er sich gewaltlos wehren kann.
   (James Scobie sieht nicht gerade wie ein Held aus.)

   _____

   _____

c) Sie setzen sich mit geschliffener Sprache zur Wehr.
   (Die geschliffene Sprache trainieren sie in ihrem Debattierclub.)

   _____

   _____

Lösungsvorschläge

Aufgabe 1

Ismael erkennt, dass sich die Älteren die Kappe des kleinen Jungen zuwerfen, und dass dieser verzweifelt versucht, sie zu erwischen. Da er dabei sogar weint, ist klar, dass es für den Jungen kein Spaß ist. (Zeile 37 bis Zeile 40)

Aufgabe 2

Am liebsten würde er weglaufen, weil normalerweise er es ist, der von den Jungen geärgert und fertiggemacht wird. Er weiß, dass auch er wieder zum Opfer wird, wenn er sich einmischt. Er ist sich sicher, dass er dem kleinen Jungen eigentlich gar nicht helfen kann.

Aufgabe 3

Hinweis: Hier sind viele Lösungen denkbar. Beachte aber, dass eine Überschrift knapp sein und neugierig machen sollte. Gut geeignet sind dafür z. B. Formulierungen, die zwar zum Inhalt des Textes passen, aber auch etwas ganz anderes heißen könnten, die noch nicht zu viel über das Geschehen verraten usw. Der Autor hat folgende Überschrift gewählt:

„Im Fleischwolf"

Aufgabe 4

Hinweis: Hier sind verschiedene individuelle Schülerlösungen möglich. Im Folgenden findest du das Originalende aus dem Buch „Nennt mich nicht Ismael!".

1 „Super, zwei Kappen zum Spielen – doppelter Spaß!" Ich sah zu, wie meine Kappe zu Doug Savage hinübersegelte, der sie lässig aus der Luft pflückte. „Komm schon, du hast versprochen, dass
5 du sie zurückgibst", nölte ich eindrucksvoll. „O nein, da muss ich wohl gelogen haben! Ich werde in der Hölle schmoren. Rette mich! Rette mich!"

Barry Bagsley hatte ein feines Gespür für Sarkasmus. Wenn er ihn nur zum Guten statt zum Bö-
10 sen nutzen würde. Sie warfen sich weiterhin die Kappen zu. Der Moorfield-Schüler versuchte gar nicht mehr, sie daran zu hindern. Ich auch nicht. Wozu auch? Was wäre, wenn ich tatsächlich eine auffinge? Was würde dann passieren? Schließlich
15 landeten beide Kappen wieder in Barry Bagsleys Händen.

„Das wird langsam langweilig. Willst du deine Kappe immer noch zurückhaben?", fragte er den Kleinen, der ohne große Begeisterung nickte. „Gut,
20 da hast du sie."

Barry Bagsley schwang zurück wie ein Diskuswerfer und schleuderte die Kappe mit einer ausholenden Armbewegung hoch über den Kopf des kleinen Jungen, weit über die Uferbefestigung hin-
25 weg hinunter in das stehende Wasser des Moorfield Creek. „Huch", sagte er und legte die Hand über den Mund. „Die ist mir rausgerutscht. Jetzt pass ich aber besser auf. Du bist dran, Le Sau."

Wir alle schauten zu, wie meine graue Filzkap-
30 pe über die schmale Bucht hinwegschoss und hoch oben in einem Gestrüpp aus Wandelröschen landete. Danny und Dougie applaudierten jubelnd. Barry Bagsley krümmte sich vor Lachen. Wo waren die ausfahrbaren Stahlklauen, wenn man sie brauchte?

35 „Keine Sorge, Kumpel", rief Barry Bagsley dem kleinen Moorfield-Schüler zu, „Fisch-Wal holt dir deine Kappe. Er liebt das Wasser." Dann stolzierte er zusammen mit Danny und Doug davon.

Der Moorfield-Junge und ich wechselten kein
40 Wort, als wir uns unseren Weg die Uferböschung

hinunter bahnten und seine durchnässte Kappe aus dem grünen, schleimigen Wasser zogen. Es fiel auch kein Wort, als ich mich durch die piekenden Wandelröschen kämpfte, um meine eigene Kappe zu bergen. Und als wir schließlich wieder hinauf zu dem Weg geklettert waren, hüllte uns die unbehagliche Stille immer noch ein.

„Tja, denen hab ich's gezeigt, was?" Der Moorfield-Junge schaute zu Boden. „Jap, ich denke, die überlegen sich das zweimal, ob sie so was noch einmal versuchen."

Der Moorfield-Junge schaute zu Boden, wo die Wassertropfen aus seiner Kappe schwarze Flecken bildeten.

„Die können wirklich von Glück sagen. Normalerweise raste ich in solchen Situationen völlig aus. Ich laufe grün an, werde zehnmal so groß, wie ich jetzt bin, und haue alles kurz und klein, was sich mir in den Weg stellt."

Der Moorfield-Junge hob den Kopf leicht an und schaute zu mir herauf.

„Ja, ehrlich. Es ist wirklich ein Horrortrip. Aber ich habe vor kurzem an einem Aggressionsbewältigungskurs teilgenommen, weil ich Angst hatte, ich könnte mal jemanden ernsthaft verletzen. Außerdem, weißt du, wie peinlich es ist, mit einer völlig zerfetzten Schuluniform und Unterhose nach Hause zu gehen?"

Die Lippen des Moorfield-Jungen zuckten ein bisschen. „Letztes Mal ist Mum ausgerastet." „Ist sie auch grün angelaufen?" Der Junge sprach.

„Nein, es war eher eine reizende Röte, wenn ich mich recht erinnere." Der Moorfield-Junge lächelte.

„Pass auf, mach dir keine Sorgen wegen der Typen, okay? Sie sind Idioten. Ihr Hirn ist so klein, dass sie nicht mal merken, wie dumm sie sind. Ich heiße übrigens Ismael. Wenn's nach diesen Typen geht, natürlich nicht, aber sie haben eben ein Problem mit Namen, besonders mit meinem. Ihr Kurzzeitgedächtnis ist offenbar völlig damit ausgelastet, ans Atmen zu denken. Wie heißt du eigentlich?"

„Marty." „Also, Marty. Wenn du nicht noch eine Runde *Hol die Kappe aus dem Wasser* spielen willst, sollten wir beide jetzt nach Hause gehen. Welche Richtung musst du?" Wir gingen bis zum Ende der ‚Felder' nebeneinander her und erzählten uns Geschichten über die Moorfield Primary, bis sich unsere Wege trennten. „Bis bald, Marty … und wenn du jemals wieder Unterstützung dabei benötigst, deine Kappe ins Wasser zu katapultieren, bin ich für dich da, abgemacht?" „Ja, danke", sagte er und lächelte schüchtern.

Das war also die Geschichte, wie ich Barry Bagsley und seinen Lakaien die Stirn bot, ein unschuldiges Opfer aus den Fängen des Todes befreite und den Verfall der Zivilisation, wie wir sie heute kennen, aufhielt. Ihr denkt vielleicht, ich wäre ziemlich zufrieden mit mir gewesen, aber den ganzen Heimweg über konnte ich nur an Barry Bagsleys grinsendes Gesicht denken, und alles, was ich spürte, waren die schmerzenden Knöchel meiner geballten Fäuste. Als ob rasiermesserscharfe Stahlklauen durchbrechen wollten.

Quelle: Michael Gerard Bauer, Nennt mich nicht Ismael. Übersetzung: Ute Mihr. Hanser Verlag, München 2008, S. 61–64 (leicht verändert)

Aufgabe 5

Hinweis: Die nötigen Informationen findest du im einleitenden Informationstext. Unterstreiche auch hier die wesentlichen Informationen – so kannst du die Fragen leichter beantworten.
Beachte daneben die Überschrift; sie gibt Auskunft über Titel und Autor des Buchs.

☐ Das Jugendbuch hat den Titel „Moby Dick" und zählt zur Weltliteratur.

Das Jugendbuch heißt „Nennt mich nicht Ismael". /
Der Roman „Moby Dick" zählt zur Weltliteratur.

☒ Autor des Buches ist Michael Gerard Bauer.

☒ Ich-Erzähler ist der 14-Jährige Ismael Leseur.

☒ Seine Eltern gaben ihm den Namen einer Figur aus einem berühmten Roman.

☐ Bereits in der Grundschule hasste Ismael seinen Namen, weil er seinetwegen oft gehänselt und aufgezogen wurde.

Erst beim Wechsel in die St.-Daniel's-Schule begann er, seinen Namen zu hassen, da er dort auf den Klassenrowdy Barry Bagsley traf und das Spießrutenlaufen begann.

☐ Einer der Mitschüler hat es auf ihn abgesehen, und Ismael beschließt, sich aktiv zu wehren.

Ismael überhört die ständigen Beleidigungen mittlerweile und sieht zu, dass er möglichst unsichtbar bleibt. Er wehrt sich also nicht.

☒ Ismael versucht, dem Klassenrowdy Barry aus dem Weg zu gehen.

Aufgabe 6

Alles ändert sich, <u>als</u> James Scobie in die Klasse kommt <u>und</u> ausgerechnet neben Ismael sitzen soll. Der kauzige kleine Kerl sieht so aus, <u>als</u> wäre er das perfekte Mobbing-Opfer der Barry-Bagsley-Gang. Und so ist es auch – zunächst zumindest, <u>denn</u> James hat seit seiner schweren Operation, als ihm im Kopf ein Tumor entfernt wurde, vor rein gar nichts mehr Angst. <u>Obwohl</u> die Bande nichts unversucht lässt, Scobie unterzukriegen, beißt sie sich an dem kleinen Kerl die Zähne aus. <u>Weil</u> es ihm wortgewaltig und ohne mit der Wimper zu zucken gelingt, den anderen Paroli zu bieten, ist Ismael sehr beeindruckt.

Aufgabe 7

Hinweis: Unterstreiche beim Lesen zunächst alle Wörter, die dir ungewohnt oder merkwürdig erscheinen. Überprüfe dann anhand der dir bekannten Rechtschreibstrategien, ob es sich tatsächlich um einen Fehler handelt.

Als James in der Schule einen Debattierclub gründet, <u>geräht</u> Ismael, dem nichts fernerliegt, als vor anderen Menschen zu diskutieren oder Reden zu halten, <u>unverhoft</u> als Mitglied in den Kreis der fünf Jungen. Alle sind ein wenig <u>eigenartich</u> und Ismael hat so seine Zweifel, ob diese Einzelgänger auch nur den Hauch einer Chance haben werden. Mitglieder des <u>Debatierclubs</u> sind <u>schlieslich</u> erstens die „lebende und atmende Suchmaschine für Fakten, Zahlen und Daten" Ignatius Prindabel, zweitens	*gerät* *unverhofft* *eigenartig* *Debattierclubs, schließlich*

Orazio Zorzotto der Klassenclown, dessen Muntwerk niemals stillsteht und den nichts mehr fasziniert als das weibliche Geschlecht, drittens der dicke
Science-Fiction- und Fantasy-Freak Bill Kingsley,
der immerzu Lichtjahre vom wahren Leben entvernt
zu sein scheint, viertens Scobie und fünftens Ismael
selbst. Ismael tritt nur unter der Bedingung bei, das
er niemals auch nur ein Wort sagen müsse.

Mundwerk

entfernt

dass

Aufgabe 8

Hinweis: Es reicht, wenn du jeweils ein Beispiel findest.

Artikel: *die, ein, dem, das*   Nomen: *Geschichte, Ismael, Namen, …*

Verb: *kam, erzählt, reagiert, hört, …*   Adjektiv: *unbehaglicher, gewisser*

Pronomen: *seinem, seiner, sie, sich*   Konjunktion: *zumindest, wie, wenn, dass*

Aufgabe 9

Hasenzahn: *Hasenzähne*   Ritter: *Ritter*

Diskussion: *Diskussionen*   Wald: *Wälder*

Aufgabe 10

Hinweis: Ein Relativsatz wird durch ein Relativpronomen eingeleitet, mit dessen Hilfe du ein Satzglied ersetzen und so eine Wiederholung vermeiden kannst. Achte aber darauf, das passende Relativpronomen im jeweils richtigen Fall zu verwenden.

a) *Ismael, der es leid war, immer wegen seines Namens verspottet zu werden, war nach einer Figur aus dem Roman „Moby Dick" benannt worden. /*
Ismael, der nach einer Figur aus dem Roman „Moby Dick" benannt worden war, war es leid, immer wegen seines Namens verspottet zu werden.

b) *Als James Scobie, der nicht gerade wie ein Held aussieht, in seine Klasse kommt, lernt Ismael, wie man sich gewaltlos wehren kann.*

c) *Sie setzen sich mit geschliffener Sprache, die sie in ihrem Debattierclub trainieren, zur Wehr.*

**Vergleichsarbeiten 7. Klasse Deutsch Realschule Baden-Württemberg
Übungsarbeit 4**

Die Sage von der Loreley

„Loreley" heißt sowohl ein Felsen am Rhein als auch eine Sagengestalt. Der steile Loreley-Felsen, ein 132 Meter hoher Schieferfelsen, liegt bei Sankt Goarshausen (Rheinland-Pfalz) am rechten Rheinufer. Der Rhein ist an dieser Stelle sehr eng, fast 27 Meter tief und daher sehr gefährlich. Mehrere Felsriffe haben in früheren Zeiten viele Schiffer das Leben gekostet. Auch heute noch sind diese Felsriffe bei niedrigem Wasserstand sichtbar.
Im 19. Jahrhundert entstand die Sage von der Loreley. Das Volk sprach von einem schönen Mädchen oder von einer Meerjungfrau mit langen blonden Haaren, die auf dem Loreley-Felsen saß und ihr Haar kämmte. Gesang und Aussehen dieser Jungfrau waren so schön, dass die Schiffer von ihrem Weg abkamen und den Tod fanden – so die Sage. Viele Dichter schrieben über die Loreley. Heute erinnert eine kleine Statue am Rheinufer an die Sage.

Die Loreley
Nacherzählt von Sylvia Hess

1 Die schöne Jungfrau Loreley war eine Freundin der Rheinfischer. Sie stieg oft von ihrem Felsen herab, wenn die jungen Männer ihre Netze auswarfen, und zeigte ihnen ertragreiche Fischgründe. Befolgten
5 sie ihren Rat, so wurden sie stets mit reichem Fang belohnt. Die Fischer waren der Loreley dankbar und verbreiteten die Kunde von ihrer Schönheit und Hilfsbereitschaft, wo immer sie hinkamen, und wer von ihr hörte, erzählte es weiter.
10 So gelangte die Nachricht von der schönen jungen Frau auch ins Hoflager des Pfalzgrafen, und als dessen Sohn sie vernahm, erfasste ihn eine tiefe Sehnsucht nach dem unbekannten Mädchen. Er schlief keine Nacht mehr und versteifte sich
15 schließlich auf die Vorstellung, nur der Anblick der geliebten Loreley könne ihm seinen Seelenfrieden wiedergeben. In seinen Tagträumen sah er sich bereits mit der Schönen an seiner Seite ins Hoflager einziehen, von allen bewundert und beneidet.
20 Eines Tages nutzte er die eben eröffnete Jagdsaison, um sich von seinem Vater für einen Jagdzug nach Wesel zu verabschieden. Er ließ sich in einem kleinen Boot den Rhein hinabrudern und kam am späten Nachmittag bei den Fischern an.
25 „Wartet bis zum Sonnenuntergang", rieten sie dem jungen Grafen, „dann kommt sie normalerweise auf den Felsen."
Der junge Graf wies die Schiffer an, sein Boot auf die Mitte des Flusses hinauszurudern und dort
30 anzuhalten, denn er wollte die Ankunft der Loreley auf keinen Fall verpassen.
Es dauerte auch nicht lange, da warf die Sonne tiefrote Strahlen über den Himmel, und auf dem hohen Felsen erschien die Loreley, setzte sich an den
35 Rand und begann, ihr langes Haar zu kämmen. Es glänzte im Schein der letzten Sonnenstrahlen wie Gold. Der junge Pfalzgraf starrte gebannt auf die märchenhafte Erscheinung, und als die Schöne nun auch noch mit klarer Stimme ein wehmütiges Lied
40 zu singen begann, war es um ihn geschehen. Er befahl den Ruderern, das Ufer anzusteuern, und beugte sich weit über den Bootsrand, weil er die Landung kaum erwarten konnte. Wenige Meter vom Ufer entfernt konnte er es nicht mehr aushalten und
45 setzte zum Sprung auf die Uferböschung an, doch er hatte sich in der Entfernung verschätzt und landete mit einem Aufschrei im Rhein, dessen Fluten ihn mit sich rissen, ohne dass jemand ihm helfen konnte.
Schon bald erfuhr der alte Pfalzgraf vom
50 Schicksal seines Sohnes. Schmerz über den Verlust und Wut auf die Loreley zerrissen seine Seele, und er trommelte seine besten Kämpfer zusammen.
„Ergreift die Hexe und schafft sie herbei, ob tot oder lebendig, ist mir egal!" befahl er dem Hauptmann.
55 „Dann gestattet, dass wir sie gleich Eurem Sohn in die Fluten des Rheins stürzen, damit sie ertrinkt", gab dieser zu bedenken, „denn wenn sie wirklich eine Hexe ist, wird sie sich mit Leichtigkeit aus dem Kerker befreien."
60 Der Pfalzgraf erteilte die Erlaubnis, und der Hauptmann machte sich mit einer kleinen Truppe auf den Weg zur Loreley. Gegen Abend ließ er den Felsen umstellen und kletterte mit wenigen tapferen Kämpfern hinauf. Sie fanden die junge Frau,
65 die wie immer am Rand des Felsens saß und mit betörender Stimme sang. Sie hielt eine Kette aus Bernsteinen in der Hand, und die leuchteten wie flüssiger Honig in der Abendsonne. Als die zierliche Frau die Männer in ihrer schweren Kampfaus-
70 rüstung erblickte, unterbrach sie ihr Lied und fragte:

„Wen sucht ihr ehrbaren Streiter?" – „Dich suchen wir, du teuflische Hexe!", entgegnete der Hauptmann und tat entschlossen einen Schritt auf sie zu. „In den Fluten des Rheins sollst du einen elenden
75 Tod sterben, auf dass deiner Stimme Klang keinem unschuldigen Menschen mehr die Sinne raubt!"
Da lachte die Loreley, schüttelte ihre blonde Mähne, warf die Bernsteinkette über den Felsrand in den Rhein und sang in einer geheimnisvollen Me-
80 lodie: „Vater, herbei, geschwind, schick deinem lieben Kind die weißen Rosse, will reiten auf Wellen und Wind!"
Die Kämpfer des Pfalzgrafen erstarrten, denn kaum hatte die Loreley ihr Lied beendet, fauchte
85 ein Sturm über die Felskuppe, wie sie noch keinen je erlebt hatten. Die Wasser des Rheins wurden aufgepeitscht, der Fluss schwoll an, die Jungfrau aber stand am Abgrund und blickte lachend auf das Toben. Plötzlich rauschten zwei riesige Wellen bis
90 zur Felsenspitze heran, erfassten die Loreley und trugen sie in die Tiefe hinab. Da erkannte der Hauptmann, dass die schöne Frau eine Nixe war, die man mit menschlicher Gewalt nicht besiegen konnte. Mit dieser Nachricht kehrten sie in das La-
95 ger des Pfalzgrafen zurück und staunten nicht schlecht, als ihnen dort der junge Graf entgegenkam, der seinen Sturz in den Rhein überlebt hatte, weil ihn eine Welle ein Stück weiter stromabwärts ans Land gespült hatte.
100 Die Loreley aber blieb seit jenem Tag verschwunden. Man erzählt sich wohl, dass sie den Felsen, der nach ihr benannt wurde, noch bewohnt, doch lässt sie sich nicht mehr blicken und auch ihre Stimme erfreut die Vorüberfahrenden nicht mehr.

Quelle: Wo die Loreley dem Lahnteufel winkt – Märchen und Sagen aus dem Blauen Land. Nacherzählt von Sylvia Hess. edition phönix, Bettendorf 2002. www.loreley.de. Stand: 15.05.2008

Aufgabe 1

Für folgende (unterstrichene) Wortgruppen oder Sätze findest du im Text „Die Loreley" (bis Zeile 49) andere Formulierungen. Schreibe die entsprechenden (Teil-)Sätze auf und unterstreiche die gleichbedeutenden Wendungen.

Beispiel:
„Die Fischer waren der Loreley dankbar und erzählten von ihrer Schönheit und Hilfsbereitschaft."

Satz im Text mit gleichbedeutender Formulierung: „Die Fischer waren der Loreley dankbar und verbreiteten die Kunde von ihrer Schönheit und Hilfsbereitschaft (…)." (Z. 6–9)

a) Sie stieg oft von ihrem Felsen herab, wenn die jungen Männer ihre Netze auswarfen, und zeigte ihnen Stellen, an denen man viele Fische fangen konnte.

b) Machten die Fischer, was die Loreley ihnen vorschlug, so wurden sie stets mit reichem Fang belohnt.

c) Sie gaben dem jungen Grafen den Rat: „Wartet bis zum Sonnenuntergang, dann kommt sie normalerweise auf den Felsen."

d) Der junge Graf befahl den Schiffern, sein Boot auf die Mitte des Flusses hinauszurudern (…)

e) (…) doch er dachte, dass das Ufer näher sei, als es tatsächlich war, und landete mit einem Aufschrei im Rhein, (…)

Aufgabe 2

Finde die jeweils passende Erklärung für folgende Textausschnitte und kreuze sie an.

a) „Schmerz über den Verlust und Wut auf die Loreley zerrissen seine Seele" (Z. 50 f.) bedeutet:

- [ ] Er hatte große Schmerzen, weil er so wütend auf die Loreley war.
- [ ] Die Loreley hat seine Seele zerrissen, das machte ihn unheimlich wütend.
- [ ] Er war schrecklich traurig darüber, dass er seinen Sohn verloren hatte und furchtbar wütend auf die Loreley, weil er ihr die Schuld daran gab.
- [ ] Er war innerlich hin- und hergerissen, weil er nicht wusste, ob er eher traurig über den Verlust seines Sohnes oder wütend auf die Loreley sein sollte.

b) „Dann gestattet, dass wir sie gleich Eurem Sohn in die Fluten des Rheins stürzen, damit sie ertrinkt" (Z. 55–57) bedeutet:

- [ ] Sie wollen die Erlaubnis, die Loreley im Rhein ertränken zu dürfen – genauso wie sie das Ertrinken des Grafen verschuldet hat.
- [ ] Sie wollen, dass es so aussieht wie beim Sohn des Pfalzgrafen, wenn die Loreley ertrinkt.
- [ ] Sie wollen sich in die Fluten des Rheins stürzen, wenn die Loreley auch ertrinkt.
- [ ] Sie wollen, dass der Pfalzgraf ihnen erlaubt, seinen Sohn in den Rhein zu stürzen.

c) „In den Fluten des Rheins sollst du einen elenden Tod sterben, auf dass deiner Stimme Klang keinem unschuldigen Menschen mehr die Sinne raubt!" (Z. 74–76) bedeutet:

☐ Sie möchten, dass sie im Rhein stirbt und keine Raubzüge bei unschuldigen Menschen mehr unternehmen kann.

☐ Sie soll eines grausamen Todes sterben, damit sie mit ihren Liedern keinen Schaden mehr anrichten kann.

☐ Sie möchten sie kläglich im Rhein sterben lassen, nachdem sie ihr die Stimme und ihre Sinne geraubt haben.

☐ Sie drohen ihr an, dass sie sie wegen ihrer Stimme umbringen werden.

d) „Da erkannte der Hauptmann, dass die schöne Frau eine Nixe war" (Z. 91 f.) bedeutet:

☐ Der Hauptmann merkt, dass die Loreley kein Mensch, sondern eine Seejungfrau ist.

☐ Dem Hauptmann wird klar, dass die Loreley eine viel zu schöne Frau ist.

☐ Der Hauptmann kennt die Nixe von früher.

☐ Dem Hauptmann wird klar, dass nichts dieser schönen Frau etwas anhaben kann.

Aufgabe 3

Kreuze diejenigen Aussagen an, die den Textinhalt richtig wiedergeben.

☐ Eine Sagengestalt sowie ein Felsen am Rhein heißen „Loreley".

☐ Der Loreley-Felsen liegt bei Pfalzgrafenweiler (Rheinland-Pfalz) am rechten Rheinufer.

☐ In der Sage heißt es, Stimme, Lieder und Aussehen dieser Jungfrau seien so schön gewesen, dass viele Schiffer von ihrem Weg abkamen, im Rhein untergingen und ertranken.

☐ Sie hatte lange dunkle Locken und kämmte am Felsrand ihr Haar.

☐ Heute gibt es eine kleine Statue der Loreley am Rheinufer.

☐ Der alte Pfalzgraf und sein Sohn hatten sich beide in die Loreley verliebt.

☐ Die Loreley sollte im Rhein ertränkt werden, weil man einen Kerker für zu unsicher hielt.

☐ Obwohl sein Vater ihn zuerst für tot hielt, hatte der junge Graf überlebt.

☐ Er und die schöne Loreley wurden ein Paar und bauten sich ein Haus auf dem Felsen.

Aufgabe 4

Welche Anzeichen findest du dafür, dass es sich beim Text „Die Loreley" um eine Sage handelt? Schreibe sie auf.

Aufgabe 5

Stell dir vor, die Sage geht folgendermaßen weiter:

Der junge Graf ist über das Verschwinden der Loreley, für die sein Herz noch immer schlägt, tieftraurig. Als sie auch Wochen später nicht mehr auf ihrem Felsen auftaucht, beschließt er, eine Suchanzeige an allen Bäumen, Häusern und Häfen der Umgebung anbringen zu lassen. In der Anzeige sollen ihr Aussehen, ihr üblicher Aufenthaltsort sowie der Ort ihres Verschwindens beschrieben werden. Eine Belohnung wird selbstverständlich ebenfalls ausgesetzt.

Verfasse diese Suchanzeige.

Aufgabe 6

Ein weiterer, sehr bekannter Text über die Loreley ist ein Gedicht von Heinrich Heine:

Die Loreley (1824)

1 Ich weiß nicht was soll es bedeuten
Daß ich so traurig bin;
Ein Märchen aus alten Zeiten,
Das kommt mir nicht aus dem Sinn.

5 Die Luft ist kühl und es dunkelt,
Und ruhig fließt der Rhein;
Der Gipfel des Berges funkelt
Im Abendsonnenschein.

Die schönste Jungfrau sitzet
10 Dort oben wunderbar,
Ihr goldenes Geschmeide blitzet,
Sie kämmt ihr goldenes Haar.

Sie kämmt es mit goldenem Kamme
Und singt ein Lied dabei;
15 Das hat eine wundersame,
Gewaltige Melodei.

Den Schiffer im kleinen Schiffe,
Ergreift es mit wildem Weh;
Er schaut nicht die Felsenriffe,
20 Er schaut nur hinauf in die Höh.

Ich glaube, die Wellen verschlingen
Am Ende Schiffer und Kahn;
Und das hat mit ihrem Singen
Die Lore-Ley getan.

Quelle: Heinrich Heine: Historisch-kritische Gesamtausgabe der Werke. Hrsg. von Manfred Winfuhr. Bd. I/2: Buch der Lieder. Hamburg 1975, S. 206–208

a) Ermittle das Reimschema des Gedichts.

_____

b) Ergänze: Das Gedicht hat _____ Strophen mit jeweils _____ Versen.

c) Suche zu folgenden Wörtern aus dem Gedicht jeweils einen gleichbedeutenden Begriff und bestimme die Wortart.

	gleichbedeutender Begriff	**Wortart**
traurig (V. 2)		
alten (V. 3)		
funkelt (V. 7)		
wundersame (V. 15)		
Schiffer (V. 17)		
Weh (V. 18)		
schaut (V. 20)		

Aufgabe 7

Ergänze die unvollständigen Wörter mit der korrekten Schreibweise der s-Laute: s, ss oder ß.

Da___ erste Mal taucht der Name „Loreley" 1801 in einer romantischen Ballade des Dichters Clemens Brentano auf. In dieser Ballade hei___t eine Schönheit aus dem Ort Bacharach „Lorelei". Man wei___ von ihr, da___ sie von ihrem Liebsten betrogen worden i___t und sich da___ Leben nehmen will. Doch der Bischof ist fasziniert von ihrer Schönheit und Anmut und lä___t sie schlie___lich ins Kloster bringen. Auf der Rei___e dorthin hält sie an einem Fel___en an, um nochmals zum Schlo___ ihres Geliebten zurückzublicken. Als sie zu sehen glaubt, da___ er davonfährt, stürzt sie sich verzweifelt in die Fluten.

Aufgabe 8

Fülle die Wortlücken mit der korrekten Schreibweise der folgenden Wörter und erkläre kurz, welche Regel oder Strategie man anwenden kann, um die richtige Schreibweise zu finden.

a) Die Loreley saß auf einem hohen Ber____.
   Strategie/Regel: _____

b) Der junge Graf war ein recht schneller L____ufer.
   Strategie/Regel: _____

c) Plötzlich hörte er das laute ____achen ihres Vaters. Auch er fand die Situation lustig.
   Strategie/Regel: _____

d) Die Loreley leistete aber ansonsten keinen W____derstand.
   Strategie/Regel: _____

e) Warum nur passierte ihm das immer w____der?
   Strategie/Regel: _____

f) Die riesige Welle übe____aschte ihn.
   Strategie/Regel: _____

Übungsarbeit 4

Aufgabe 9

Bilde jeweils ein Adjektiv, ein Verb und ein Nomen zu den folgenden Wortstämmen.

| -fühl- | -fehl- | -spiel- |

Adjektiv: _____

Verb: _____

Nomen: _____

Aufgabe 10

Wandle folgende Aussagesätze (Antworten) in Fragesätze um. Finde, wenn nötig, passende Fragewörter. Stelle nicht nur Fragen, bei denen die Antwort „ja" oder „nein" lauten muss.

a) Die Loreley gibt es wirklich.

_____

b) Heute erinnert eine kleine Statue der Loreley am Rheinufer an die Sage.

_____

c) Auch heute noch kann man die Felsriffe bei niedrigem Wasserstand sehen.

_____

d) Im 19. Jahrhundert entstand die Sage von der Loreley.

_____

Lösungsvorschläge

Aufgabe 1

Hinweis: Die betreffenden Sätze findest du in: a) Z. 2–4, b) Z. 4–6, c) Z. 25–27, d) Z. 28–31, e) Z. 46 f.

a) Sie stieg oft von ihrem Felsen herab, wenn die jungen Männer ihre Netze auswarfen, und zeigte ihnen <u>ertragreiche Fischgründe</u>.

b) <u>Befolgten sie ihren Rat</u>, so wurden sie stets mit reichem Fang belohnt.

c) „Wartet bis zum Sonnenuntergang", <u>rieten sie dem jungen Grafen</u>, „dann kommt sie normalerweise auf den Felsen."

d) Der junge Graf <u>wies die Schiffer an</u>, sein Boot auf die Mitte des Flusses hinauszurudern und dort anzuhalten, denn er wollte die Ankunft der Loreley auf keinen Fall verpassen.

e) (...) <u>doch er hatte sich in der Entfernung verschätzt</u> und landete mit einem Aufschrei im Rhein, (...)

Aufgabe 2

Hinweis: Lies, bevor du die Fragen beantwortest, nochmals das, was unmittelbar vor und nach den jeweiligen Textstellen ausgesagt wird. So kannst du die Bedeutung aus dem Kontext erschließen.

a) „Schmerz über den Verlust und Wut auf die Loreley zerrissen seine Seele" (Z. 50 f.) bedeutet:

- [ ] Er hatte große Schmerzen, weil er so wütend auf die Loreley war.
- [ ] Die Loreley hat seine Seele zerrissen, das machte ihn unheimlich wütend.
- [X] Er war schrecklich traurig darüber, dass er seinen Sohn verloren hatte und furchtbar wütend auf die Loreley, weil er ihr die Schuld daran gab.
- [ ] Er war innerlich hin und her gerissen, weil er nicht wusste, ob er eher traurig über den Verlust seines Sohnes oder wütend auf die Loreley sein sollte.

b) „Dann gestattet, dass wir sie gleich Eurem Sohn in die Fluten des Rheins stürzen, damit sie ertrinkt" (Z. 55–57) bedeutet:

- [X] Sie wollen die Erlaubnis, die Loreley im Rhein ertränken zu dürfen – genauso wie sie das Ertrinken des Grafen verschuldet hat.
- [ ] Sie wollen, dass es so aussieht wie beim Sohn des Pfalzgrafen, wenn die Loreley ertrinkt.
- [ ] Sie wollen sich in die Fluten des Rheins stürzen, wenn die Loreley auch ertrinkt.
- [ ] Sie wollen, dass der Pfalzgraf ihnen erlaubt, seinen Sohn in den Rhein zu stürzen.

c) „In den Fluten des Rheins sollst du einen elenden Tod sterben, auf dass deiner Stimme Klang keinem unschuldigen Menschen mehr die Sinne raubt!" (Z. 74–76) bedeutet:

☐ Sie möchten, dass sie im Rhein stirbt und keine Raubzüge bei unschuldigen Menschen mehr unternehmen kann.

☒ Sie soll eines grausamen Todes sterben, damit sie mit ihren Liedern keinen Schaden mehr anrichten kann.

☐ Sie möchten sie kläglich im Rhein sterben lassen, nachdem sie ihr die Stimme und ihre Sinne geraubt haben.

☐ Sie drohen ihr an, dass sie sie wegen ihrer Stimme umbringen werden.

d) „Da erkannte der Hauptmann, dass die schöne Frau eine Nixe war" (Z. 91 f.) bedeutet:

☒ Der Hauptmann merkt, dass die Loreley kein Mensch, sondern eine Seejungfrau ist.

☐ Dem Hauptmann wird klar, dass die Loreley eine viel zu schöne Frau ist.

☐ Der Hauptmann kennt die Nixe von früher.

☐ Dem Hauptmann wird klar, dass nichts dieser schönen Frau etwas anhaben kann.

Aufgabe 3

Hinweis: Um Aussagen zum Textinhalt richtig zu bewerten, hilft es immer, wenn du wichtige Informationen unterstreichst, dir Notizen am Rand machst und zentrale Aussagen stichpunktartig aufschreibst. So kannst du den Wahrheitsgehalt der Aussagen schnell beurteilen.

☒ Eine Sagengestalt sowie ein Felsen am Rhein heißen „Loreley".

☐ Der Loreley-Felsen liegt bei Pfalzgrafenweiler (Rheinland-Pfalz) am rechten Rheinufer.

☒ In der Sage heißt es, Stimme, Lieder und Aussehen dieser Jungfrau seien so schön gewesen, dass viele Schiffer von ihrem Weg abkamen, im Rhein untergingen und ertranken.

☐ Sie hatte lange dunkle Locken und kämmte am Felsrand ihr Haar.

☒ Heute gibt es eine kleine Statue der Loreley am Rheinufer.

☐ Der alte Pfalzgraf und sein Sohn hatten sich beide in die Loreley verliebt.

☒ Die Loreley sollte im Rhein ertränkt werden, weil man einen Kerker für zu unsicher hielt.

☒ Obwohl sein Vater ihn zuerst für tot hielt, hatte der junge Graf überlebt.

☐ Er und die schöne Loreley wurden ein Paar und bauten sich ein Haus auf dem Felsen.

Übungsarbeit 4 – Lösungsvorschläge

Aufgabe 4

Hinweis: Sagen haben meist einen wahren Kern und handeln oft von Orten, Personen, Ereignissen, die es wirklich gibt/gab. Sie erklären Sachverhalte, die früher merkwürdig/unheimlich erschienen.

Im einleitenden Informationstext wird erwähnt, dass es sich bei der Loreley um eine Sagengestalt handelt. Man erfährt, dass ein wirklich existierender Ort, ein Felsen am Rhein, ebenfalls „Loreley" genannt wird. Sagen erklären oft Sachverhalte, auf die sich die Menschen früher keinen Reim machen konnten. So wird einleitend z. B. auch erwähnt, dass der Rhein an dieser Stelle sehr gefährlich ist und dort früher viele Schiffer ums Leben kamen. Warum das so war, haben sich die Menschen vielleicht durch die Sage erklärt.

Der Kern der Sage ist also eine wahre Begebenheit, die an einem realen Ort stattfindet. Außerdem hat es sicher auch einen Pfalzgrafen gegeben.

Aufgabe 5

Hinweis: Notiere zunächst die Informationen, die in der Aufgabenstellung verlangt werden (Aussehen, üblicher Aufenthaltsort, Ort des Verschwindens; sieh dir dafür nochmals die Einleitungsinformation an). Denke daran, deine Suchanzeige mit einer Überschrift zu versehen – so sollen vorübergehende Personen auf einen Blick erfahren, worum es in der Anzeige geht.

Loreley gesucht

Dringend gesucht wird die schöne Jungfrau Loreley. Sie hat langes blondes Haar, das sie bevorzugt auf dem hohen Schieferfelsen am rechten Rheinufer bei Sankt Goarshausen kämmt. Dort bzw. im darunterliegenden Rhein wurde sie auch zuletzt gesehen.

Besondere Kennzeichen sind ihre märchenhafte Schönheit und ihre klare Stimme.

Wer etwas zu ihrem Aufenthaltsort sagen kann oder sie gesehen hat, soll sich bitte umgehend an das Hoflager des Pfalzgrafen wenden.

Für Hinweise, die zum Auffinden der Loreley dienlich sind, ist eine hohe Belohnung ausgesetzt!

Aufgabe 6

Hinweis: Lies das Gedicht zunächst und markiere beim zweiten Lesen die Versenden mit Buchstaben (abab). Nummeriere außerdem die Strophen – so kannst du die Fragen zur Form leicht beantworten.

a) Kreuzreim

b) Das Gedicht hat 6 Strophen mit jeweils 4 Versen.

Übungsarbeit 4 – Lösungsvorschläge

c)

	gleichbedeutender Begriff	Wortart
traurig	unglücklich, bekümmert, …	Adjektiv
alten	vergangenen, früheren, …	Adjektiv
funkelt	blitzt, flimmert, glänzt, …	Verb
wundersame	sonderbare, seltsame, …	Adjektiv
Schiffer	Seemann, Seefahrer, Fischer, …	Nomen
Weh	Schmerz, Qual, Leid, …	Nomen
schaut	blickt, sieht, …	Verb

Aufgabe 7

Hinweis: Sprich die jeweiligen Wörter aus und achte auf den s-Laut, denn: Nach einem kurzen Vokal und bei einem stimmlos gesprochenen s-Laut schreibst du -ss-, bei stimmlos gesprochenen s-Lauten nach einem langen Vokal oder nach Doppellauten schreibst du -ß-. Bei stimmhaften s-Lauten sowie bei einigen stimmlosen s-Lauten am Wortende musst du ein einfaches -s- einfügen („ist", „Reise", „Felsen"). Um zu entscheiden, ob du „dass" oder „das" einsetzen musst, kannst du die Ersatzprobe machen.

Das erste Mal taucht der Name „Loreley" 1801 in einer romantischen Ballade des Dichters Clemens Brentano auf. In dieser Ballade heißt eine Schönheit aus dem Ort Bacharach „Lorelei". Man weiß von ihr, dass sie von ihrem Liebsten betrogen worden ist und sich das Leben nehmen will. Doch der Bischof ist fasziniert von ihrer Schönheit und Anmut und lässt sie schließlich ins Kloster bringen. Auf der Reise dorthin hält sie an einem Felsen an, um nochmals zum Schloss ihres Geliebten zurückzublicken. Als sie zu sehen glaubt, dass er davonfährt, stürzt sie sich verzweifelt in die Fluten.

Aufgabe 8

a) Die Loreley saß auf einem hohen Berg.

   Strategie/Regel: *Verlängern, den Plural bilden: Berg – Berge*

b) Der junge Graf war ein recht schneller Läufer.

   Strategie/Regel: *Ableiten: kommt von laufen, also mit ä geschrieben*

c) Plötzlich hörte er das laute Lachen ihres Vaters. Auch er fand die Situation lustig.

   Strategie/Regel: *Regel zur Groß- und Kleinschreibung: das (= Begleiter) Lachen*

d) Die Loreley leistete aber ansonsten keinen W*i*derstand.

Strategie/Regel: „Wider" wird hier in der Bedeutung von „gegen" verwendet, also nur mit *-i* geschrieben.

e) Warum nur passierte ihm das immer w*ie*der?

Strategie/Regel: „Wieder" wird hier in der Bedeutung von „noch einmal" verwendet und deshalb mit *-ie* geschrieben.

f) Die riesige Welle übe*rr*aschte ihn.

Strategie/Regel: Durch Silbentrennung kann ü-ber-rasch-te ermittelt werden.

Aufgabe 9

	-fühl-	-fehl-	-spiel-
Adjektiv:	gefühlvoll	fehlerhaft	verspielt
Verb:	fühlen	fehlen	spielen
Nomen:	Gefühl	Fehler	Spiel

Aufgabe 10

Hinweis: Einen Fragesatz kennzeichnest du durch ein Fragezeichen. Das Prädikat steht an erster Stelle im Satz. Fügst du aber ein Fragewort („was", „warum", ...) ein, folgt das Prädikat an zweiter Stelle.

a) Gibt es die Loreley wirklich?
b) Was erinnert am Rheinufer an die Loreley?
c) Kann man auch heute bei niedrigem Wasserstand noch die Felsriffe sehen?
d) Wann entstand die Sage von der Loreley?

**Vergleichsarbeiten 7. Klasse Deutsch Realschule Baden-Württemberg
Übungsarbeit 5**

Winn-Dixie von Kate DiCamillo

In diesem Auszug erfährst du, wie das Mädchen India Opal in dem Supermarkt „Winn-Dixie" einen Hund findet.

1 Ich heiße India Opal Buloni, und letzten Sommer schickte mich mein Vater, der Prediger, in den Supermarkt, um eine Packung Makkaroni mit Käsesauce, etwas Reis und zwei Tomaten zu kaufen.
5 Zurück kam ich mit einem Hund.

Und das kam so: Ich ging in die Gemüseabteilung von Winn-Dixies Supermarkt, um die beiden Tomaten auszusuchen, und fuhr mit meinem Wagen um ein Haar in den Filialleiter rein. Der stand
10 da mit rotem Gesicht, schrie und fuchtelte mit den Armen. „Wer hat den Hund reingelassen?", rief er immer wieder. „Wer hat diesen dreckigen Hund reingelassen?" Zuerst hab ich gar keinen Hund gesehen. Nur jede Menge Gemüse, das über den Boden rollte.
15 Tomaten und Zwiebeln und grüne Paprikaschoten. Und Heerscharen von Winn-Dixie-Angestellten, die herumrannten und mit den Armen fuchtelten wie ihr Filialleiter.

Dann kam der Hund um die Ecke geschossen.
20 Er war groß. Und hässlich. Und er sah aus, als machte ihm das alles großen Spaß.

Die Zunge hing ihm aus dem Maul, und er wedelte mit dem Schwanz. Schleudernd kam er zum Stehen und lächelte mich an. Ich hatte noch nie in
25 meinem Leben einen Hund lächeln sehen, aber genau das tat er. Er zog seine Lippen zurück und zeigte all seine Zähne.

Dann wedelte er so heftig mit dem Schwanz, dass er ein paar Orangen von einem Ständer fegte,
30 die in alle Richtungen rollten, zusammen mit den Zwiebeln, den Tomaten und den Paprikaschoten.

Der Filialleiter schrie: „So halte doch einer den Hund fest!"

Der Hund lief zu dem Filialleiter hin, wedelte
35 mit dem Schwanz und lächelte. Dann stellte er sich auf die Hinterbeine. Es sah aus, als ob er dem Filialleiter von Angesicht zu Angesicht für den Spaß danken wollte, den er in der Gemüseabteilung gehabt hatte, aber irgendwie warf er dabei den Filial-
40 leiter um. Und der musste einen ziemlich schlechten Tag gehabt haben, denn als er am Boden lag, so vor allen Leuten, fing er an zu weinen. Der Hund beugte sich ganz besorgt über ihn und leckte ihm das Gesicht ab.

45 „Bitte", flehte der Filialleiter. „Es muss einer den Hundefänger holen."

„Halt!", rief ich. „Nicht den Hundefänger! Das ist mein Hund!" Alle Winn-Dixie-Angestellten drehten sich zu mir um und starrten mich an. Mir
50 war klar, ich hatte etwas Unglaubliches getan, vielleicht auch etwas Dummes. Aber ich konnte nicht anders. Ich konnte nicht zulassen, dass dieser Hund eingefangen wurde. „Bei Fuß, Junge", sagte ich.

Der Hund hörte auf, dem Filialleiter das Gesicht
55 abzulecken, spitzte die Ohren und sah mich an, als versuchte er sich zu erinnern, woher er mich kannte.

„Bei Fuß, Junge", wiederholte ich. Und dann fiel mir ein, dass der Hund – genau wie jeder Mensch – vielleicht gern bei seinem Namen gerufen
60 werden wollte. Nur dass ich seinen Namen nicht wusste. Also sagte ich das Erste, was mir einfiel. Ich sagte: „Bei Fuß, Winn-Dixie."

Und der Hund trottete zu mir herüber, als ob er sein Leben lang nichts anderes getan hätte.

65 Der Filialleiter setzte sich auf und sah mich böse an. Wahrscheinlich dachte er, ich wollte ihn veräppeln. „So heißt er", sagte ich. „Ehrlich."

Der Filialleiter sagte: „Weißt du nicht, dass Hunde im Supermarkt verboten sind?" „Doch, Sir",
70 sagte ich. „Er ist aus Versehen hier reingekommen. Tut mir leid. Es wird nicht wieder vorkommen. Komm, Winn-Dixie", sagte ich zu dem Hund.

Ich ging los, und er folgte mir den ganzen Weg aus der Gemüseabteilung, vorbei an den Müsli- und
75 Cornflakesregalen und durch die Kassen zur Tür hinaus. Als wir draußen in Sicherheit waren, schaute ich ihn mir genauer an. Er sah wirklich nicht gut aus. Er war groß, aber mager, seine Rippen staken hervor. Und überall hatte er kahle Stellen im Fell.
80 Im Großen und Ganzen sah er aus wie ein alter brauner Teppich, den man im Regen draußen vergessen hatte.

„Du siehst ja richtig schlimm aus", sagte ich ihm. „Ich wette, du gehörst zu niemandem." Er lä-
85 chelte mich an. Er machte das genau wie vorhin, indem er die Lippen zurückrollte und mir seine Zähne zeigte.

Er lächelte so doll, dass er niesen musste. So als ob er sagen wollte: „Ich weiß, dass ich schlimm
90 aussehe. Ist das nicht saukomisch?"

In einen Hund, der Sinn für Humor hat, muss man sich ganz einfach verlieben. „Komm mit", sagte ich. „Schauen wir mal, was der Prediger zu dir meint."

95 Und dann gingen wir beide, Winn-Dixie und ich, nach Hause.

Quelle: Kate DiCamillo (2001): Winn-Dixie. Übersetzung: Sabine Ludwig. Cecilie Dressler Verlag, Hamburg, S. 7–11

Aufgabe 1

Kreuze zutreffende Informationen an und verbessere falsche Aussagen.

☐ Die Ich-Erzählerin sieht den Hund gleich, als sie den Supermarkt betritt.

☐ Der Hund scheint an der ganzen Sache Spaß zu haben und ist zutraulich.

☐ Draußen vor dem Supermarkt trennen sich die Ich-Erzählerin und der Hund.

Aufgabe 2

Beantworte die folgenden Fragen in vollständigen Sätzen.

a) Warum regen sich die Angestellten des Supermarktes so über den Hund auf?

b) Woran merkt India Opal Buloni, dass der Hund offenbar keinen Besitzer hat?

Aufgabe 3

Am nächsten Tag trifft die Ich-Erzählerin eine Freundin, die ihr einige Fragen zu ihrem neuen Hund stellt. Beantworte diese Fragen aus der Sicht von India Opal.

a) Wieso hast du im Supermarkt denn behauptet, dass der Hund dir gehört?

b) Warum hast du ihn mit nach Hause genommen?

c) Wieso hast du ihm gleich einen Namen gegeben und wieso ausgerechnet „Winn-Dixie"?

Aufgabe 4

Lies die folgenden Textabschnitte zur Körpersprache von Hunden durch. Welche dieser Verhaltensweisen zeigt Winn-Dixie? Notiere sie, schreibe auf, in welcher Zeile Winn-Dixie dieses Verhalten zeigt, und erkläre in eigenen Worten, was er dadurch ausdrückt.

Knurren

Wenn ein Hund knurrt, möchte er in der Regel zeigen, dass man weggehen und ihn in Ruhe lassen soll.

Ablecken

Wenn Hunde einen Menschen ablecken, drücken sie damit ihre Zuneigung aus. Dieses Verhalten kennen sie aus ihrer Kindheit: Wenn sie von ihrer Mutter abgeleckt wurden, fühlten sie sich wohl und sicher.

Wedeln mit dem Schwanz

Meist wedeln fröhliche Hunde mit ihrem Schwanz hin und her und drücken so ihre Freude aus. Aber nicht immer muss ein wedelnder Schwanz zeigen, dass ein Hund sich gut fühlt: Wird der Schwanz z. B. sehr niedrig gehalten und nur ganz leicht gewedelt, kann dies auch Unsicherheit bedeuten.

Ducken und Schwanz-Einziehen

Wenn der Hund sich duckt und seinen Schwanz einklemmt, dann fürchtet er sich und ist besorgt.

Aufgabe 5

Bestimme im folgenden Textabschnitt die Wortarten der unterstrichenen Wörter und trage sie unten ein.

Ich ging in <u>die</u> Gemüseabteilung von Winn-Dixies Supermarkt, um die beiden Tomaten auszusuchen, und fuhr mit <u>meinem</u> Wagen um ein Haar in den Filialleiter rein. Der <u>stand</u> da mit <u>rotem</u> Gesicht, schrie und fuchtelte mit den Armen. „Wer hat den Hund reingelassen?", rief <u>er</u> immer wieder. „Wer hat diesen dreckigen Hund reingelassen?" Zuerst hab ich gar keinen Hund gesehen. Nur jede <u>Menge</u> Gemüse, das über den Boden rollte. Tomaten und Zwiebeln und grüne Paprikaschoten.

die = _____ meinem = _____

stand = _____ rotem = _____

er = _____ Menge = _____

Aufgabe 6

Setze den folgenden Textabschnitt ins Präsens.

„Bei Fuß, Junge", wiederholte ich. Und dann fiel mir ein, dass der Hund – genau wie jeder Mensch – vielleicht gern bei seinem Namen gerufen werden wollte. Nur dass ich seinen Namen nicht wusste. Also sagte ich das Erste, was mir einfiel. Ich sagte: „Bei Fuß, Winn-Dixie."

_____
_____
_____
_____
_____

Aufgabe 7

Bestimme die Satzglieder im folgenden Satz. Unterstreiche dazu die einzelnen Satzglieder und schreibe jeweils darunter, um welches Satzglied es sich handelt. Kreise Attribute ein.

Am   Ende   folgt   Winn-Dixie   dem   netten   Mädchen   nach   Hause.

_____

Aufgabe 8

Setze in die folgenden Sätze jeweils passende Konjunktionen ein.

a) India Opal Buloni geht in den Supermarkt, _____ sie etwas für ihren Vater einkaufen soll.

b) Sie behauptet, der Hund gehöre ihr, _____ sie ihn noch nie zuvor gesehen hat.

c) _____ der Filialleiter hingefallen war, leckte ihm der Hund das Gesicht ab.

Aufgabe 9

In folgendem Text wurde die Zeichensetzung nicht beachtet. Ergänze die fehlenden Satzzeichen im Text.

Warum können sich Hunde an Menschen so gut erinnern?

Sie können sich so gut erinnern weil sie sich den Geruch der Menschen merken Sie erinnern sich auch an Menschen die sie lange nicht gesehen haben und nehmen Gerüche wahr die wir Menschen nicht einmal bemerken Da sie so gut riechen können werden Hunde zum Beispiel bei der Polizei als Spürhunde eingesetzt

Aufgabe 10

India Opal Buloni kennt sich mit Hunden nicht aus. Deshalb schreibt sie am 21. 08., nach dem Vorfall im Supermarkt, einen Brief an Frau Miller, die bei einem Tiermagazin arbeitet. India Opal hat gelesen, dass sie Hundeexpertin ist und Fragen der Leser beantwortet. Im Folgenden findest du Notizen, die sich India Opal vor dem Schreiben macht. Verfasse den Brief. Ergänze evtl. fehlende Informationen.

- Welches Futter soll ich ihm geben?
- Muss man Hunde impfen?
- Wie oft am Tag sollte man rausgehen?
- Was muss ich sonst noch beachten?
- Hat sie Tipps für mich?

Lösungsvorschläge

Aufgabe 1

Hinweis: Die für die richtige Auswahl nötigen Informationen findest du in den Zeilen 13–19, 20–27 und 95 f.

☐ Die Ich-Erzählerin sieht den Hund gleich, als sie den Supermarkt betritt.
Sie sieht ihn erst in der Gemüseabteilung, als der Hund um die Ecke geschossen kommt.

☒ Der Hund scheint an der ganzen Sache Spaß zu haben und ist zutraulich.

☐ Draußen vor dem Supermarkt trennen sich die Ich-Erzählerin und der Hund.
Sie trennen sich nicht, sondern India Opal nimmt den Hund mit nach Hause.

Aufgabe 2

Hinweis: Um die Fragen richtig zu beantworten, beachte die Aussagen a) in den Zeilen 11–16, 28–31 und 68 f. und b) in den Zeilen 76–82.

a) *Im Supermarkt sind Hunde verboten. Außerdem bringt der Hund alles durcheinander, sodass zum Beispiel Gemüse auf dem Boden herumkullert. Der Filialleiter erklärt zudem, dass der Hund dreckig sei, was im Supermarkt natürlich nicht erwünscht ist.*

b) *Als sie sich den Hund genauer ansieht, merkt sie, dass er sehr mager ist und sein Fell ungepflegt aussieht. Es kümmert sich also offensichtlich niemand um ihn.*

Aufgabe 3

Hinweis: Denke daran, die Antworten in der Ich-Form zu formulieren.

a) *Der Filialleiter wollte den Hundefänger rufen, um Winn-Dixie einfangen zu lassen. Das konnte ich einfach nicht zulassen, ich hatte eben Mitleid mit ihm. Und deshalb habe ich behauptet, dass er mir gehört, ohne groß darüber nachzudenken, wie es dann weitergeht.*

b) *Er hat mich richtig angelächelt, das habe ich noch nie bei einem Hund gesehen. Und dabei sah er so nett und lustig aus, dass ich ihn gleich liebgewonnen habe. Darum habe ich beschlossen, ihn mitzunehmen.*

c) *Ich hatte ja behauptet, dass der Hund mir gehört, aber als ich ihn gerufen habe, ist er nicht gleich zu mir gekommen. Da dachte ich mir, er möchte vielleicht mit seinem Namen gerufen werden. Ich kannte seinen Namen aber nicht, deshalb musste ich mir schnell einen ausdenken, damit niemand merkt, dass er gar nicht mein Hund ist. Und das Erste, was mir eingefallen ist, war eben „Winn-Dixie", weil wir im Winn-Dixie-Supermarkt waren.*

Übungsarbeit 5 – Lösungsvorschläge

Aufgabe 4

Hinweis: Sieh dir für die Bearbeitung dieser Aufgabe diejenigen Textstellen nochmals genau an, in denen Winn-Dixies Verhalten beschrieben wird: Z. 22–31, Z. 34–44, Z. 54–56, Z. 63 f. und Z. 84–90.

Winn-Dixie wedelt mit dem Schwanz (Zeile 22 f. und Zeile 28). Er zeigt damit, dass er Spaß hat und sich freut.

Außerdem leckt er das Gesicht des Filialleiters ab (Zeile 43 f.). Er will dem Filialleiter damit zeigen, dass er ihn mag, und ihn vielleicht auch trösten, denn der Filialleiter weint ja.

Aufgabe 5

die =	Artikel	meinem =	Possessivpronomen
stand =	Verb	rotem =	Adjektiv
er =	Personalpronomen	Menge =	Nomen

Aufgabe 6

„Bei Fuß, Junge", wiederhole ich. Und dann fällt mir ein, dass der Hund – genau wie jeder Mensch – vielleicht gern bei seinem Namen gerufen werden will. Nur dass ich seinen Namen nicht weiß. Also sage ich das Erste, was mir einfällt. Ich sage: „Bei Fuß, Winn-Dixie."

Aufgabe 7

Hinweis: Erfrage die einzelnen Satzglieder (Wer tut etwas? Was tut sie? ...). Ein Attribut erkennst du daran, dass es genauere Informationen zum Bezugswort gibt, dass es kein eigenes Satzglied ist (dabei hilft dir die Umstellprobe) und dass es weggelassen werden kann.

Am Ende	folgt	Winn-Dixie	dem (netten) Mädchen	nach Hause.
Temporaladverbial	Prädikat	Subjekt	Dativobjekt	Lokaladverbial

Aufgabe 8

a) India Opal Buloni geht in den Supermarkt, *weil/da* sie etwas für ihren Vater einkaufen soll.

b) Sie behauptet, der Hund gehöre ihr, *obwohl/obgleich* sie ihn nie zuvor gesehen hat.

c) *Nachdem/Als* der Filialleiter hingefallen war, leckte ihm der Hund das Gesicht ab.

Aufgabe 9

Hinweis: Wird ein Satz durch ein Fragewort eingeleitet („warum"), setzt du ein Fragezeichen. Den Anfang eines neuen Satzes erkennst du an der Großschreibung der Wörter – davor setzt du also einen Schlusspunkt. Mit Kommas trennst du einen Nebensatz vom Hauptsatz ab.

Warum können sich Hunde an Menschen so gut erinnern?

Sie können sich so gut erinnern(,) weil sie sich den Geruch der Menschen merken(.) Sie erinnern sich auch an Menschen(,) die sie lange nicht gesehen haben(,) und nehmen Gerüche wahr(,) die wir Menschen nicht einmal bemerken(.) Da sie so gut riechen können(,) werden Hunde zum Beispiel bei der Polizei als Spürhunde eingesetzt(.)

Aufgabe 10

Hinweis: Orientiere dich beim Lösen dieser Aufgabe an den Vorgaben für Briefe. Rechts oben stehen Ort und Datum, nach einer Leerzeile kommt die Anrede mit Komma, nach einer weiteren Leerzeile schreibst du klein weiter. Ans Ende setzt du (nach einer Leerzeile) den Gruß (z. B. „Mit freundlichen Grüßen") und deine Unterschrift. Achte darauf, einen dem Anlass gemäßen Sprachstil zu wählen – in diesem Fall höflich und eher knapp.

Stuttgart, 21.08.2008

Sehr geehrte Frau Miller,

ich habe gelesen, dass sie sich gut mit Hunden auskennen und Fragen von Lesern beantworten. Da ich erst seit Kurzem einen Hund habe, weiß ich vieles noch nicht und habe ein paar Fragen, die ich Ihnen stellen möchte.

Zunächst einmal würde ich gerne wissen, welches Futter ich meinem Hund geben soll, und ob man Hunde impfen lassen muss. Und wie oft sollte ich täglich mit ihm rausgehen? Gibt es sonst noch etwas, das ich beachten muss, oder haben Sie vielleicht weitere Tipps für mich?

Es wäre sehr nett, wenn Sie mir antworten würden, damit ich mich richtig um meinen neuen Hund kümmern kann.

Mit freundlichen Grüßen,
India Opal Buloni

Sicher durch alle Klassen!

Lernerfolg durch selbstständiges Üben zu Hause! Die von Fachlehrern entwickelten Trainingsbände enthalten alle nötigen Fakten und jede Menge praxiserprobte Übungen mit schülergerechten Lösungen.

Mathematik

Mathematik Grundwissen 5. Klasse .... Best.-Nr. 81405
Mathematik Grundwissen 6. Klasse .... Best.-Nr. 81406
Mathematik Grundwissen 7. Klasse .... Best.-Nr. 914057
Mathematik Grundwissen 8. Klasse .... Best.-Nr. 91406
Funktionen 8.–10. Klasse .... Best.-Nr. 91408
Formelsammlung Mathematik Realschule
5.–10. Klasse Baden-Württemberg .... Best.-Nr. 81400
Lineare Gleichungssysteme .... Best.-Nr. 900122
Bruchzahlen und Dezimalbrüche .... Best.-Nr. 900061
Übertritt in weiterführende Schulen ..... Best.-Nr. 90001
Kompakt-Wissen
Realschule Mathematik .... Best.-Nr. 914001

Deutsch

Deutsch Grundwissen 5. Klasse .... Best.-Nr. 91445
Deutsch Grundwissen 6. Klasse .... Best.-Nr. 91446
Deutsch Grundwissen 7. Klasse .... Best.-Nr. 91447
Rechtschreibung und Diktat 5./6. Klasse Best.-Nr. 90408
Grammatik und Stil 7./8. Klasse .... Best.-Nr. 90407
Aufsatz 7./8. Klasse .... Best.-Nr. 91442
Deutsch 9./10. Klasse Journalistische Texte
lesen, auswerten, schreiben .... Best.-Nr. 81442
Deutsche Rechtschreibung 5.–10. Klasse Best.-Nr. 90402
Textkompendium „Leben in Beziehungen –
Wie gehen wir in Schule und Freizeit
miteinander um?" .... Best.-Nr. 81447
Kompakt-Wissen Realschule
Deutsch Aufsatz .... Best.-Nr. 514401
Kompakt-Wissen Rechtschreibung .... Best-Nr. 944065
Arbeitsheft Deutsch 10. Klasse Realschule
Massenmedien – Stereotype/Vorurteile Best.-Nr. 9154011
Übertritt
in weiterführende Schulen mit CD .... Best.-Nr. 994402
Lexikon zur Kinder- und Jugendliteratur Best.-Nr. 93443

Englisch Realschule

Englisch Grundwissen 5. Klasse .... Best.-Nr. 91458
Englisch Grundwissen 6. Klasse .... Best.-Nr. 91459
Englisch Grundwissen 7. Klasse .... Best.-Nr. 90507
Englisch Grundwissen 8. Klasse .... Best.-Nr. 90508
Englisch Grundwissen 9. Klasse .... Best.-Nr. 90509
Englisch Grundwissen 10. Klasse .... Best.-Nr. 81451
Textproduktion 9./10. Klasse .... Best.-Nr. 90541
Englische Rechtschreibung 9./10. Klasse Best.-Nr. 80453
Translation Practice 1 ab 9. Klasse .... Best.-Nr. 80451
Comprehension 2/9. Klasse .... Best.-Nr. 91452
Englisch –
Hörverstehen 10. Klasse mit CD .... Best.-Nr. 91457
Englisch – Leseverstehen 10. Klasse ..... Best.-Nr. 90521
Translation Practice 2 ab 10. Klasse ...... Best.-Nr. 80452
Comprehension 3/10. Klasse .... Best.-Nr. 91454
Systematische Vokabelsammlung .... Best.-Nr. 91455
Kompakt-Wissen Realschule
Englisch Themenwortschatz .... Best.-Nr. 914501
Kompakt-Wissen
Englisch Grundwortschatz .... Best.-Nr. 90464

Französisch

Französisch –
Sprechfertigkeit 10. Klasse mit CD .... Best.-Nr. 91461
Rechtschreibung und Diktat
1./2. Lernjahr mit 2 CDs .... Best.-Nr. 905501
Wortschatzübung Mittelstufe .... Best.-Nr. 94510
Kompakt-Wissen
Französisch Grundwortschatz .... Best.-Nr. 905001

Geschichte

Kompakt-Wissen
Realschule Geschichte .... Best.-Nr. 914801

Betriebswirtschaftslehre/Rechnungswesen

Betriebswirtschaftslehre/Rechnungswesen
Grundwissen 8. Klasse Bayern .... Best.-Nr. 91473
Lösungsheft zu Best.-Nr. 91473 .... Best.-Nr. 91473L
Betriebswirtschaftslehre/Rechnungswesen
Grundwissen 9. Klasse Bayern .... Best.-Nr. 91471
Lösungsheft zu Best.-Nr. 91471 .... Best.-Nr. 91471L
Betriebswirtschaftslehre/Rechnungswesen
Grundwissen 10. Klasse Bayern .... Best.-Nr. 91472
Lösungsheft zu Best.-Nr. 91472 .... Best.-Nr. 91472L

Sozialkunde

Kompakt-Wissen
Realschule Sozialkunde .... Best.-Nr. 914082

Vergleichsarbeiten

Vergleichsarbeiten Mathematik 6. Klasse
Realschule Baden-Württemberg .... Best.-Nr. 815061
Vergleichsarbeiten Mathematik 8. Klasse
Realschule Baden-Württemberg .... Best.-Nr. 815081
Vergleichsarbeiten Deutsch 6. Klasse
Realschule Baden-Württemberg .... Best.-Nr. 815461
Vergleichsarbeiten Deutsch 8. Klasse
Realschule Baden-Württemberg .... Best.-Nr. 815481

Ratgeber für Schüler

Richtig Lernen Tipps und Lernstrategien
5./6. Klasse .... Best.-Nr. 10481
Richtig Lernen Tipps und Lernstrategien
7.–10. Klasse .... Best.-Nr. 10482

(Bitte blättern Sie um)

Optimale Vorbereitung auf die Abschlussprüfung

Training Abschlussprüfung

Für die <u>langfristige und nachhaltige Vorbereitung von Schülerinnen und Schülern der Klassen 9 und 10 auf die Abschlussprüfung</u> an Realschulen in Baden-Württemberg.

Training Abschlussprüfung Mathematik
Realschule Baden-Württemberg

Enthält neben der Original-Abschlussprüfung 2008 einen ausführlichen Trainingsteil zur Wiederholung des prüfungsrelevanten Grundwissens. Zahlreiche Übungsaufgaben zur selbstständigen Festigung des Stoffs. Dazu komplexe Aufgaben aus allen Themengebieten auf dem Niveau des Wahlbereichs der Abschlussprüfung. Separates Lösungsheft mit vollständig ausgearbeiteten Lösungen zu allen Aufgaben und vielen Hinweisen und Tipps.
■ .... Best.-Nr. 815001

Training Abschlussprüfung Deutsch
Realschule Baden-Württemberg

Training zu allen Aufgaben und Kompetenzbereichen der Realschulabschluss-Prüfung: epische und lyrische Texte beschreiben, produktiver Umgang mit Texten, Texte lesen, auswerten und schreiben. Mit kleinschrittigen Übungen und kompletten Übungsaufgaben im Stil der Abschlussprüfung, darunter auch Übungsaufgaben zur aktuellen Ganzschrift „Alle sterben, auch die Löffelstöre" von Kathrin Aehnlich und zum neuen Rahmenthema 2009 „Leben in Beziehungen – Wie gehen wir in Schule und Freizeit miteinander um?". Zusätzlich die Original-Prüfungsaufgaben 2008 und viele wertvolle Hinweise mit Beispielen und einem Überblick über das prüfungsrelevante Grundwissen. Ausführliche Lösungen zu allen Aufgaben im separaten Lösungsheft.
■ .... Best.-Nr. 815401

Training Abschlussprüfung Englisch mit CD
Realschule Baden-Württemberg

Umfangreiche Sammlung von Übungsaufgaben zur gezielten Vorbereitung auf die schriftliche und mündliche Realschulabschluss-Prüfung im Fach Englisch. Außerdem methodische Hilfen zum langfristigen, effektiven Lernen sowie systematische Wiederholung der englischen Grammatik. Zusätzlich die Original-Prüfungsaufgaben 2008. Mit Audio-CD. Integriertes Lösungsheft mit ausführlichen Lösungen zu allen Aufgaben.
■ .... Best.-Nr. 815501

Training Abschlussprüfung
Fächerübergreifende Kompetenzprüfung
Realschule Baden-Württemberg

Ideal für Schüler(-gruppen) zur Vorbereitung auf die neue Fächerübergreifende Kompetenzprüfung am Ende der Klasse 10. Abwechslungsreiche Aufgaben, anschauliche Beispiele und wertvolle Tipps unterstützen Gruppenbildung, Themenfindung und eigenständiges Arbeiten beim Recherchieren, Organisieren, Dokumentieren und Präsentieren.
■ .... Best.-Nr. 815410

Textkompendium

Textkompendium zum neuen Rahmenthema 2009:
„Leben in Beziehungen – Wie gehen wir in Schule und Freizeit miteinander um?"

Umfangreiche Sammlung von Text- und Bildmaterial, die Impulse setzt beim Lesen, Auswerten und Schreiben von Texten zum aktuellen Rahmenthema für die Prüfungsaufgabe 3: „Leben in Beziehungen – Wie gehen wir in Schule und Freizeit miteinander um?". Ein ideales Arbeitsbuch zum Kennzeichnen von Textstellen und Schlüsselwörtern, das zugleich Zeitersparnis bei der Recherche bedeutet zugunsten einer gründlichen Auseinandersetzung mit dieser spannenden Problematik; zusätzlich entsprechende Einstiegsfragen, geordnet nach thematischen Bereichen. Mit Glossar für die weitere eigene Recherche. Im Format A4.
■ .... Best.-Nr. 81447

Kathrin Aehnlich:
Alle sterben, auch die Löffelstöre

Die passende Interpretationshilfe zur Ganzschrift 2009. Erscheint im Herbst 2008.
■ .... Best.-Nr. 2400621

Abschluss-Prüfungsaufgaben

Mit vielen Jahrgängen <u>der zentral gestellten Prüfungsaufgaben an Realschulen in Baden-Württemberg</u>, einschließlich des aktuellen Jahrgangs. Zu allen Aufgaben <u>vollständige, schülergerechte Lösungen</u>.

Abschlussprüfung Mathematik – Realschule Baden-Württemberg
■ .... Best.-Nr. 81500

Abschlussprüfung Deutsch – Realschule Baden-Württemberg
■ .... Best.-Nr. 81540

Abschlussprüfung Englisch – Realschule Baden-Württemberg
■ .... Best.-Nr. 81550

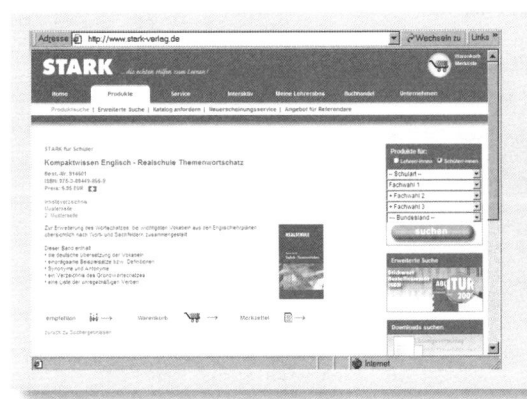

Sämtliche Informationen zu unserem Gesamtprogramm und zum Verlag finden Sie unter www.stark-verlag.de!

- ■ Umfassende Produktinformationen
- ■ Aussagekräftige Musterseiten
- ■ Inhaltsverzeichnisse zu allen Produkten
- ■ STARK Blog rund um das Thema Prüfungen
- ■ Selbstverständlich können Sie auch im Internet bestellen

Bestellungen bitte direkt an: STARK Verlag · Postfach 1852 · D-85318 Freising
Telefon 0180 3 179000* · Telefax 0180 3 179001* · www.stark-verlag.de · info@stark-verlag.de
* 9 Cent pro Min. aus dem deutschen Festnetz

Die echten Hilfen zum Lernen... **STARK**